国际货运代理实务业务训练

朱　岩　编著

浙江工商大學出版社
ZHEJIANG GONGSHANG UNIVERSITY PRESS

图书在版编目(CIP)数据

国际货运代理实务业务训练 / 朱岩编著. — 杭州 ：浙江工商大学出版社，2017.2(2019.8 重印)
ISBN 978-7-5178-1901-1

Ⅰ. ①国… Ⅱ. ①朱… Ⅲ. ①国际货运－货运代理－高等学校－习题集 Ⅳ. ①F511.41－44

中国版本图书馆 CIP 数据核字(2016)第 264651 号

国际货运代理实务业务训练

朱 岩 编著

责任编辑 吴岳婷
封面设计 林朦朦
责任印制 包建辉
出版发行 浙江工商大学出版社
(杭州市教工路 198 号 邮政编码 310012)
(E-mail:zjgsupress@163.com)
(网址:http://www.zjgsupress.com)
电话:0571-88904980,88831806(传真)
排　　版 杭州朝曦图文设计有限公司
印　　刷 虎彩印艺股份有限公司
开　　本 787mm×1092mm 1/16
印　　张 8.5
字　　数 200 千
版 印 次 2017 年 2 月第 1 版 2019 年 8 月第 3 次印刷
书　　号 ISBN 978-7-5178-1901-1
定　　价 16.00 元

浙江工商大学出版社营销部邮购电话 0571-88904970

前　言

作者根据多年的教学实践和教学研究得知,我国高职高专学生的学情因素,即思维特征和认知特点,决定了其必须要经过大量的模拟训练,才能使教学达到好的效果,而不能只在课堂上进行讲解。本书中业务训练的原始资料都选自实践案例,经作者提炼、归纳予以规范化和系统化,变成适合在校学生使用的教材。

本教材由嘉兴职业技术学院朱岩副教授编著,与《国际货运代理实务》(朱岩、白春柳主编)一书配套使用,效果更好。本书在编写过程中,编著者多次深入浙江中海物流有限公司、马士基航运宁波分公司、宁波东海物流有限公司、宁波市联欣报关有限公司、上海经贸国际货运实业有限公司、嘉兴中轮国际货运代理股份公司、嘉兴邮政总公司、浙江省邮政互换局、嘉兴拓美进出口公司、嘉兴职业技术学院企业学院跨境电商班、TNT 上海分公司、深圳思比特物流有限公司等企业或机构,实地调研、查看原始单据、访谈一线员工,特此向他们致谢。因涉及企业商业机密及业务员个人隐私,书中的案例、企业名称、业务员姓名、业务地点都做了技术性处理。本教材可作为高职高专学校国际货运代理实务课程的实训用书,也可作为国际货运代理从业人员岗位培训用书。由于水平有限,错误和疏漏在所难免,欢迎读者和同行探讨、交流,批评、指正。

编著者

2016 年 11 月 22 日

目　录

项目一　揽货业务训练

项目二　航线及运费业务训练

项目三　集装箱班轮运输货运代理操作训练

项目四　杂货班轮运输货运代理操作训练

项目五　国际多式联运货运代理操作训练

项目六　国际航空货运代理操作训练

项目七　国际航空特种货物货运代理操作训练

项目八　跨境电商货运代理操作训练

项目九　国际货运风险控制与纠纷处理训练

项目一　揽货业务训练

一、业务基础知识训练

1.单项选择题

(1)对刚进入货代公司的大多数货代新人来说,一般首先放在(　　)岗位上锻炼。

A.操作员　　B.揽货员　　C.单证员　　D.商务专员

(2)下列哪一种岗位在货代公司中处于核心地位?(　　)。

A.操作员　　B.客服　　C.货代业务员　　D.商务专员

(3)新货代业务员首次开发客户,一般首先采用的营销方式为(　　)。

A.关系营销　　B.网络营销　　C.电话营销　　D.登门拜访

(4)目前中国货运市场上,货主选择货代考虑的首要因素是(　　)。

A.班期　　B.航行时间　　C.航线多少　　D.运价

(5)世界经济从繁荣到衰退,再从萧条到复苏对国际贸易、航运影响的先后顺序是(　　)。

A.国际贸易市场—国际货运代理市场—国际运输市场

B.国际货运代理市场—国际贸易市场—国际运输市场

C.国际运输市场—国际货运代理市场—国际贸易市场

D.国际贸易市场—国际运输市场—国际货运代理市场

2.多项选择题

(1)目前货代业务员揽货的主要方式为(　　)。

A.电话营销　　B.网络营销　　C.登门拜访　　D.关系营销

(2)一级货代的主要业务有(　　)。

A.报关　　B.租船订舱　　C.货物储运　　D.融资

(3)规模较大的货代公司主要部门有(　　)。

A.报关报检部　　B.业务部　　C.操作部　　D.商务部

(4)电话营销获得客户联系方式的渠道有(　　)。

A.黄页　　B.海报　　C.报纸　　D.电视

(5)货代公司核心岗位是(　　)。

A.货代业务员　　B.单证员　　C.客服　　D. 揽货员

(6)目标市场营销策略有(　　)。

A.分散营销策略　　B.差异化营销策略　　C.无差异营销策略　　D.集中营销策略

(7)差异化营销策略的优点是(　　)。

A.营销费用较低　　B.增加销售机会　　C.提高市场占有率　　D.减轻竞争压力

(8)无差异营销策略的优点是(　　)。

A. 利润高　　B. 可以进行大规模生产

C. 可以进行标准化生产　　D. 营销费用低

(9)集中营销的优点是(　　)。

A. 经营风险小　　B. 容易在市场中形成垄断

C. 节约生产成本　　D. 提高利润

3. 判断题

(1)直客主要做货代公司,同行主要做外贸公司、工厂。(　　)

(2)接到托书后,负责将客户的货装上船是货代单证员的主要工作。(　　)

(3)一般一级货代公司都具有报关权,能直接从船运公司那里拿到舱位。(　　)

(4)货代公司新揽货员首先要找熟人进行揽货。(　　)

(5)货代公司主要就是做市场、开发客户的。(　　)

(6)在中国货运市场上,运价始终是客户考虑的首要因素,但在某种特殊情况下社会文化因素可能上升为最主要因素。(　　)

(7)货代营销的核心就是货代业务员学会如何做人。(　　)

(8)货代公司负责确认提单的是报关员。(　　)

二、案例讨论

1. 王晓焉是中海集运宁波物流公司的新员工,人事部将她分配到业务部,经理没有让她跟踪老客户的单子,而是让她去开发新客户。小王每天打电话开发新客户,虽然在入职培训时经理鼓励大家要有信心,可现实中哪有那么容易,小王平均每天打70多个电话,其中态度较好肯听小王介绍的客户只有一两个,多数人毫不客气地吼道:“不需要,不需要!我们已经有很好的合作伙伴了,你不要再来骚扰我们了!”有的甚至听也不听就直接挂断了电话。有时候,小王没有事先征求对方的同意就采用传真的方式,好不容易得到回应却是专程责骂的,小王深受打击,承受了很大的压力,连续几天都不想摸电话,甚至想放弃。

讨论:你认为小王应该怎么办?应该采用什么样的营销方法?

2. 货代业务员B进入货代行业没多久,急于出成绩。他得知Z工厂的单证员和其他货代业务员之间的合作存在着佣金问题,就找到了Z工厂的老板,把这一情况告知了Z工厂的老板。Z工厂的老板答应将货物给他出,每票货给他一定的利润。但是当他开始操作时,Z工厂的工人却不配合他装柜,单证员不给他提供报关资料。

讨论:你认为货代业务员B这种做法对不对?说出你的理由。

3. 货代行业竞争已经非常激烈，甚至到了残酷的地步。如何才能将别人的客户“撬”过来呢？小林苦思冥想，想出了一个好办法。他知道现在客户都非常计较价格，他报的价格总是比别的货代低，有时候甚至低于航线的成本运价。先把客户的委托权争取过来，等到货物进港以后，出提单的时候才跟客户讲，船公司涨价，或者说增加了某某附加费等理由，要客户再付很多钱，由于提单或核销单掌握在他手里，一般客户都乖乖地掏钱，这票货的利润足够他一个月的任务。

讨论：你认为小林这招“妙”吗？谈谈你的看法。

4. 嘉兴的货代业务员 B 委托上海的货代业务员 A 出运一票整箱的货物，但是报关和拖车是 B 自己操作的，也就是说，A 手上除了提单并没有任何凭据能够保证 B 一定付款。按照正常程序是 B 付款后，A 将提单寄给 B，而 B 在出了提单之后很为难地告知 A，公司美元账户上面资金周转有些困难，但是提单不能拖客户的，否则损失会很大，B 希望 A 能够将提单先行寄送给他，B 愿意出一份付款保函，保证货款于当月 25 日之前付给 A，A 认识 B 也有很长时间，凭自己的感觉认为 B 还是一个比较可信的人，所以决定去承担这个责任。但是公司出口部没有一个人支持 A 这样的做法，都认为风险太大。

讨论：假设你处在 A 的位置，你会怎么做？阐述你这样做的理由。

5. 拼箱当中有一些线路运费很低，国外货代会与国内货代分享目的港收取费用的利润，对于同行来说，这部分其实不仅是免费运输，而且上一级代理还会按照货物的体积、重量退还相应的利润给货代。本来这部分是一些二级代理维持利润最好的一个源泉，是行业秘密。而如今，在激烈的市场竞争下，为了争货源，很多货代业务员直接告诉客户这些线路是不收钱的，还将一定的佣金退给客户。导致不明白情况的客户会问曾经合作的货代业务员为什么会这样？哪有货物运出去不付钱还能拿钱的？无奈之下解释了，客户以后就知道了。原来这些线路可以不出钱运输，而且自己还能从中得益，客户是开心了。本来一些货代业务员就是以这些为主要利润的，现在至少也得拿出一部分分给客户，大大压缩了自己的利润空间，但是为了维护客户，只能一直这样做下去。有时还会让先前合作的客户觉得自己被欺骗了，从而失去了客户的信任。

讨论:你会采用这种营销方式揽货吗?请说出理由。

6.货代业务员 A 接到一个客户要运到雅加达的小箱,他想的不是如何尽快安全地帮客户将货物运输出去,而是想着怎么赚取更多的利润。同行应该都知道去雅加达的货物,拼箱要比整箱利润大,而且可以说是暴利。货代业务员 A 竟然将客户的一整箱货物拆成拼箱运去雅加达。结果他自己是赚了很多的利润,但是却给客户带来了巨大的损失,可能导致客户失去其国外的客户。因为拼箱和整箱的货物国外收取的费用有很大的差别,国外收货人会多付很多费用才能提取货物。

讨论:实践中有些货代业务员是靠这种方式赚钱的,分析其利弊。

7.外贸业务员 A 和货代业务员 B 关系比较好,A 比较信任 B,经常从 B 这里询价,每次 B 都不厌其烦地报价、解释。A 的经理 C,一直用一家货代业务员 D,前面几次 B 报的海运价格和 D 差不多,C 要求 A 要从货代业务员 D 那里出货,价格差不多,A 也就没有太多计较,毕竟 C 是上级。但是有一次问到一票空运,D 的报价是 RMB28/KG,而 B 的报价是 RMB21/KG,相差很大,而 A 的预算也和 B 的报价差不多,C 还在为 D 辩护,说去那个地点只有唯一的飞机,所以价格高。而当 D 得知货物可能要被别的货代业务员竞争掉,突然报价变成了 RMB20/KG,整整差了 RMB8/KG,这个差价在空运里面不是一个小数字(一般空运能够有 RMB2/KG 的利润已经很不错了)。这样的变化 A 一看就知道 C 和 D 之间有某种必然的利益关系,找寻种种借口就是不让 A 用自己信任的货代业务员。如果没有 B 的报价,A 自己都不知道要被 D 多收多少运费。

讨论:这是某货代公司业务员讲述的发生在自己身上的案例,同学们走上工作岗位后,一定会遇到类似的情况,你会怎么处理呢?说出理由。

8. 外贸业务员 A 有 10CBM 的货向货代业务员 B(A 是 B 的长期客户)询价到纽约 LAX 的拼箱价格,B 报了 USD35/CBM。A 同时也向货代业务员 C 询了价格,得到的答复是 USD5/CBM,A 觉得 B 报价太高。B 没有接到 A 的托书也没太在意,他以为 A 只是询个价。而 A 将货物托给了 C,出运等一切都还顺利,A 暗自庆幸认清了 B 的为人。等到半个月左右,货物到达目的港之后,国外客户发来投诉邮箱,说国外代理多收了他们 USD30/CBM 的费用。A 这时再去问 C,C 只是轻描淡写地说,“我报价没有加燃油附加费,自然要向国外收了”。A 这时才如梦初醒,可是已经来不及挽回了,虽然后来他知道误解了 B,但是却丢失了自己辛苦开发下来的客户,就为了一时的价格差。

讨论:其实客户付的总运费是一样的,某种程度上说,C 还具有一定的营销技巧,但是结果却大不相同,谈谈你的看法。

9. 货代业务员小王谈下来一位比较稳定的客户,取得了工厂外贸部唐经理的信任,把货物全部放到他这里进出口。唐经理不可能自己做单证工作,只是询个价格,下面的事情都是由单证员小沈来做。由于小沈是新人,遇到很多事情都要麻烦小王,向他请教。小王经常要报价,所以比较忙,就会觉得小沈很烦,很多问题都不懂,有时甚至不理会小沈的询问。自己认为,唐经理都搞定了,管她那个单证员干吗呢?小沈心里当然能感觉到小王的不满,所以尽量少去麻烦小王,这期间小沈认识了另外一名货代业务员小林,每次小沈有问题问小林,小林都会很耐心地帮助她解决问题,并教她怎么做,小沈在心里特别感激这个热情的小林,随着时间的推移,唐经理慢慢无暇顾及询价订舱之类的事情,加上小沈也越来越熟练了,就直接把这个权力放给小沈了,只要货物安全稳定,货代业务就让小沈去选择了。两个星期没有托书小王感觉不对了,去找唐经理,唐经理就让他直接去找小沈。这时小王才带着礼物,去找小沈,得到的回应是:“我现在合作的货代业务员很好,没有问题不会换的。”当然这个货代业务员就是小林了。

讨论:做好货代揽货工作的前提是找对揽货对象,特别是主管货运的人。从这点上说,小王做得很好,但为什么事情却朝着相反的方向发展呢?

10. 小明是一名货代业务员，小明的同学小惠在一家工厂做关务。既然是同学又正好能帮上忙，小惠很乐意地成了小明的忠实客户。开始的时候小明报价做货还比较小心，但是时间长了小明发现小惠根本就不去比较别家的价格，甚至很多时候都是直接托书传过来订舱，最后开票过去也不问什么，并且很快就付钱了。小明动了小脑筋，开发别的客户都是斤斤计较价格的，要连说带骗才能得到那么一点点利润，小惠这边这么信任自己，反正钱都是工厂出的，决定以后多加点利润。开始多加几十美元，看看没什么反应，到后来直接是几百美元地加，一个月下来，小明看着自己的提成，心里甭提多开心了。事情总不可能一直都是顺利的，有一天小惠被老板叫到了办公室，因为同一条船，同一个航次，同样的柜子，小惠的货代业务员比另外一个货代业务员的开票金额足足多了500美元，老板知道小惠做事认真负责，只是说让她以后多比较一下价格(小惠的心一直悬着，可能会因此丢了工作)，因此，再下来走货的时候小惠都会问下小明的价格，并且找了其他的货代业务员一起询问，几次下来就发现小明的报价要比别人高出很多，就明白了一切都是小明在搞鬼。小惠直接断了和小明的合作，小明两个星期都没有接到小惠的任何信息，才感觉不对。小明再去工厂找小惠的时候，小惠一直都没有露面接待他。

讨论:货代业务员是以业绩论英雄的，工资中的很大比例是靠业绩提成，为什么小明业绩上去了，业务似乎并不顺?

11. 工厂的外贸业务员马小姐是货代业务员小张的客户，马小姐是个做事严谨的人，有时一些要求也很苛刻，当然这种苛刻是对事情完成程度的苛刻，而不是轻视货代业务员的苛刻。很多货代业务员都觉得马小姐是个态度很不好的客户，小张却知道马小姐人很好只是做事的时候比较较真。所以，他每次帮忙马小姐出货的时候，确认好的费用从不多收，即使有时会因为安排疏忽而有一些额外的费用，也从不会多向马小姐收取。马小姐那边有个习惯，每票出口货物都会要出口报关单，连续两次以后，小张就多了个心眼每次报完关就让操作员先要好报关单，扫描进电脑，马小姐需要的时候第一时间发给她。小张在报价上也做到了从不因为关系熟了而乱加利润，都是保证正常利润。货代工作中总会有一些问题，有次船晚开，小张接到了船公司的晚开通知，再给马小姐打电话，解释原因，本以为会被骂一通，因为订舱的时候就很急，现在船不能准时开航，肯定会影响国外客户收货的时间。没想到马小姐并没有责骂小张，反而很配合地接受了小张的解释。因为马小姐知道小张一直在用心帮她做事，从不会欺骗她。其实马小姐的工厂有很多货物都是用起运港港口的货代公司，只有小张的公司是马小姐工厂留下来的唯一一家所在城市的货代公司，并且一直支持着小张，即使其中小张换过公司也一直用他。

讨论:货代属于服务行业,货代公司某种程度上说就是做市场的。货代业务员如何同不同性格的客户打交道?马小姐那么“难缠”为什么对小张的服务比较满意?

12.货代业务员A开发了很久,终于和客户B达成了合作的意向。客户B开始给A承运一部分货物。合作开始后,A和B之间的关系也就慢慢好起来了,A就喜欢把一些公司的杂事说给B听,A有时会抱怨领导不公平,操作员不好,自己多努力,公司却不重视他之类的话。说者无心听者有意,B就觉得A公司氛围不太好,原想多拉些货物给A的,现在心里有了些担心,一个公司没有凝聚力,业务员怎么会用心做好自己的货物呢?其间正好发生了一件事情,B委托A订的是星期三的船,可是由于星期三那班船在海上延迟了两天,要到星期六才能靠港。A就将实际情况告诉了B,可是B却怀疑是A公司自己没有拿到这个航次的舱位,而让自己的货物延期出口了,这票货物做完以后,B就再也没有委托A走过货物,A却把这个责任归咎给了船公司。

讨论:失去客户的责任是在船公司吗?

13.小王接受客户陈先生委托空运一票货物到伊朗的德黑兰机场,本来去德黑兰的飞机就不多,并且货物出口都会查验。货物安全离开起运港上海,飞到迪拜中转,当时恰逢冬季德黑兰下大雪,机场封闭。货物在迪拜被延迟不能中转,飞往德黑兰的飞机都停航等待雪停止,而客户这边看货物一个星期都没到德黑兰,就开始天天催小王,小王说明了理由,并且伊朗客户也证实了情况属实。但是,陈先生就是无法理解,空运货物比海运还慢,最后货物半个月以后才被运送至德黑兰。陈先生把错误全归在小王身上,只肯付一半的运费,并且终止了合作。

讨论:货代业务员遇到不可抗力的时候很无奈,更烦恼的是客户不理解自己。碰到这种情况,你怎么处理?

14. 货代业务员A有家客户是做精密半导体材料的，用的全是金线，每次运货都比较小心，外包装会包得很严密。但是有一次A派车队去提一票空运货物，结果派去的司机无意间看到工厂里拿出来的一箱货物都是金线，心生贪念，直接拉着货物消失了，A这边等来等去不见货物进仓，感觉不对的时候已经晚了。一箱货物的价值可是几百万美元，直接把A这家公司搞垮了。

讨论：国际物流中要警惕装运过程中的风险，如何选择船公司，降低风险？

15. 货代公司接受客户委托运输一批货物至国外，一直送到国外客户工厂，也就是我们所说的DDP条款，完税后交货。前期货物运输一切正常，等到了国外卸货港以后，代理感觉能够赶上最快的火车(内陆通过火车转运)，所以发预报给国外的收货人，预计什么时候送货，结果由于货物清关没能赶上了那班火车(一般转运火车一周一个班次)，因此延迟了一个星期。国外收货人直接投诉到国内发货方，发货方向货代公司追究责任。其实国内的货代业务员预估的时候和最后送货时间是一致的，只是国外代理预估错误，提前发了预报，导致最终丢失了这个客户。

讨论：这个案例表面上看是国外代理的责任，似乎还有点客观因素。你觉得这个案例中货代公司有没有责任？如何应对延迟风险？

16. 货代业务员小于有一位做服装的客户，都是出空运货物的，之前合作都很好，付款也还是很及时的，也就产生了比较大的信任度。一次一个月连续出了两票货物，都是大货，涉及金额达十几万元人民币。由于前面付款都差不多是一个月后，所以小于也没有太在意，还是做着其他的货物，一时也忘记了。但是直至等到快两个月的时候，财务感觉不大对头，来催小于收款的时候，小于还是很有信心地说："没事的，客户会付钱的。"因为走货的时候都很稳、很安全，况且还有退税联在手上，有问题一定会影响退税的。小于中间打了几个电话给那边的单证员，单证员说会催老板的。继续等待直到快3个月的时候小于才感觉不对了，去了工厂，但是却没有见到老板，所以小于要求工厂写了保函。这个是对将来收款的最后保障了，可是直到退税联过期了，工厂都没有付款。后来才知道，工厂已经转移到外省去了，退税联根本就不想要了，写保函也只是拖延时间。最终的结果导致小于失去了工作，并且背负了沉重的心理负担。

讨论：货代业务中风险始终是存在的，一般货代都是在客户付款之前卡着他的退税联，但是这次为什么不灵了？

17.货代业务员A接受客户委托出运一票拼箱货物，客户要求A将货物从工厂运到港口指定仓库。A就让拖车司机去提货。由于小东西用的包装类似托盘，结果仓库按照托盘货物收费，送货司机不会顾及这个，因为不给进仓费货物是进不了仓库的，司机直接垫了很大一笔费用，货物送进仓库。等到货物装船出运后，货代业务员和客户确认费用时，客户认为代垫费用过高，拒绝支付，但是司机已经付掉了，货代业务员是知道的，所以最终的商量结果是客户付一半，货代公司付一半，给货代公司造成了亏损，还使客户产生了被欺骗的感觉。

讨论：货代业务中经常会出现代垫费用，代垫费用都是信任问题，如果有了怀疑就很难确认了。如何规避这类风险？

18.有这样一个销售团队，销售经理带着三个货代业务员A、B、C。A处事比较圆滑，很会做销售，也很能讨客户的欢心，并且公司上下他也都能够自由应付。而B和C是属于老老实实做事的人，每天用心做着货代业务员应该做的事情——电话销售。B和C几个月下来都还积累了不少信任的客户，这个销售经理也在自己开发客户，平时没有教货代业务员更多的业务知识，怕货代业务员掌握自己的东西后超过自己，并且还督促B和C努力打电话，觉得有希望继续开发的客户会留给自己。A比较清楚销售经理的为人，所以处处提防着，靠自己的圆滑做了不少的客户进来，慢慢和老板的关系处理得很好。B和C在销售经理的剥削下，只坚持了半年，因为实在达不到自己的理想状态，只能选择了离开。销售经理虽然暂时从B和C那里得到了一些客户，但是通过合作，客户也慢慢丢失了。适合B和C的客户并不适合他，并且做销售和做人的关系很大。A则是半年内获得老板的信任，在销售经理业绩不佳的时候，A 做了些手脚让老板开除了销售经理，这样，公司里除了老板就是 A 的权力最大了。A 等到翅膀硬了，主动离开了公司，自己成立了公司。

讨论：团队的优势在于凝聚力，但是带领团队的人不懂得这个道理，将团队看成了自己的利润来源，终究自食其果。而公司由于信错了人，损失更大。就这个案例，展开讨论，自由发表意见。

三、性格测试

这个测试是菲尔博士在著名脱口秀主持人奥普拉的节目里做的，有一定准确率，目前很多大公司人事部门也在采用。答题时务必注意：①不要犹豫和思考，凭本能；②依据目前的状况，而不是过去的状况。

1. 你何时感觉最好？（　　）。
   (a)早晨　　(b)下午及傍晚　　(c)夜里
2. 你走路时是（　　）。
   (a)大步的快走　　(b)小步的快走　　(c)不快，仰着头面对着世界
   (d)不快，低着头　　(e)很慢
3. 和人说话时，你（　　）。
   (a)手臂交叠站着　　(b)双手紧握着　　(c)一只手或两手放在臀部
   (d)碰着或推着与你说话的人　　(e)玩着你的耳朵、摸着你的下巴或用手整理头发
4. 坐着休息时，你的（　　）。
   (a)两膝盖并拢　　(b)两腿交叉
   (c)两腿伸直　　(d)一腿卷在身下
5. 碰到你感到发笑的事时，你的反应是（　　）。
   (a)一个欣赏的大笑　　(b)笑着，但不大声
   (c)轻声的咯咯地笑　　(d)羞怯的微笑
6. 当你去一个派对或社交场合时，你（　　）。
   (a)很大声地入场以引起注意
   (b)安静地入场，找你认识的人
   (c)非常安静地入场，尽量保持不被注意

7. 当你非常专心工作时，有人打断你，你会(　　)。

(a)欢迎他　(b)感到非常恼怒　(c)在上两极端之间

8. 下列颜色中，你最喜欢哪一颜色？(　　)。

(a)红或橘色　(b)黑色　(c)黄或浅蓝色　(d)绿色

(e)深蓝或紫色　(f)白色　(g)棕或灰色

9. 临入睡的前几分钟，你在床上的姿势是(　　)。

(a)仰躺，伸直　(b)俯躺，伸直

(c)侧躺，微卷　(d)头睡在一手臂上

(e)被盖过头

10. 你经常梦到你在(　　)。

(a)落下　(b)打架或挣扎　(c)找东西或人　(d)飞或漂浮

(e)你平常不做梦　(f)你的梦都是愉快的

认真答完题后，请整理好答案，并在下一页中查看结果。

答案对应的分数在下面，现在将所有分数相加，再对照后面的分析查看。

1.(a) 2 (b) 4 (c) 6

2.(a) 6 (b) 4 (c) 7 (d) 2 (e) 1

3.(a) 4 (b) 2 (c) 5 (d) 7 (e) 6

4.(a) 4 (b) 6 (c) 2 (d) 1

5.(a) 6 (b) 4 (c) 3 (d) 5

6.(a) 6 (b) 4 (c) 2

7.(a) 6 (b) 2 (c) 4

8.(a) 6 (b) 7 (c) 5 (d) 4 (e) 3 (f) 2 (g) 1

9.(a) 7 (b) 6 (c) 4 (d) 2 (e) 1

10.(a) 4 (b) 2 (c) 3 (d) 5 (e) 6 (f) 1

【低于21分：内向的悲观者】

人们认为你是一个害羞的、神经质的、优柔寡断的人，需人照顾、永远要别人为你做决定、不想与任何事或任何人有关。他们认为你是一个杞人忧天者，一个永远看到不存在的问题的人。有些人认为你令人感到乏味，只有那些深知你的人知道你不是这样的人。

【21分到30分：缺乏信心的挑剔者】

你的朋友认为你勤勉刻苦、很挑剔。他们认为你是一个谨慎的、十分小心的人，一个缓慢而辛勤工作的人。如果你做任何冲动的事或无准备的事，你会令他们大吃一惊。他们认为你会从各个角度仔细地检查一切之后仍经常决定不做。他们认为你的这种反应一部分是因为你小心的天性。

【31分到40分：以牙还牙的自我保护者】

别人认为你是一个明智、谨慎、注重实效的人。也认为你是一个伶俐、有天赋有才干且谦虚的人。你不会很快、很容易和人成为朋友，但是是一个对朋友非常忠诚的人，同时要求朋友对你也有忠诚的回报。那些真正有机会了解你的人会知道要动摇你对朋友的信任是很难的，但相等地，一旦这信任被破坏，会使你很难熬过。

【41分到50分：平衡的中庸之道】

别人认为你是一个新鲜的、有活力的、有魅力的、好玩的、讲究实际的、永远有趣的人；一个经常是群众注意力的焦点，但是实际上你是一个足够平衡的人，不至于因此而昏了头。他们也认为你亲切、和蔼、体贴、能谅解人；一个永远会使人高兴起来并会帮助别人的人。

【51分到60分：吸引人的冒险家】

别人认为你是一个令人兴奋的、高度活泼的、相当易冲动的个性；你是一个天生的领袖、一个能很快做决定的人，虽然你的决定不总是对的。他们认为你是大胆的和冒险的，会愿意尝试做任何事至少一次；是一个愿意尝试机会而欣赏冒险的人。因为你散发的刺激，他们喜欢跟你在一起。

【60分以上：傲慢的孤独者】

别人认为对你必须“小心处理”。在别人的眼中，你是自负的、自我中心的，是个极端有支配欲、统治欲的人。别人可能钦佩你，希望能多像你一点，但不会永远相信你，会对与你更深入的来往有所踌躇及犹豫。

项目二　航线及运费业务训练

一、航线业务训练

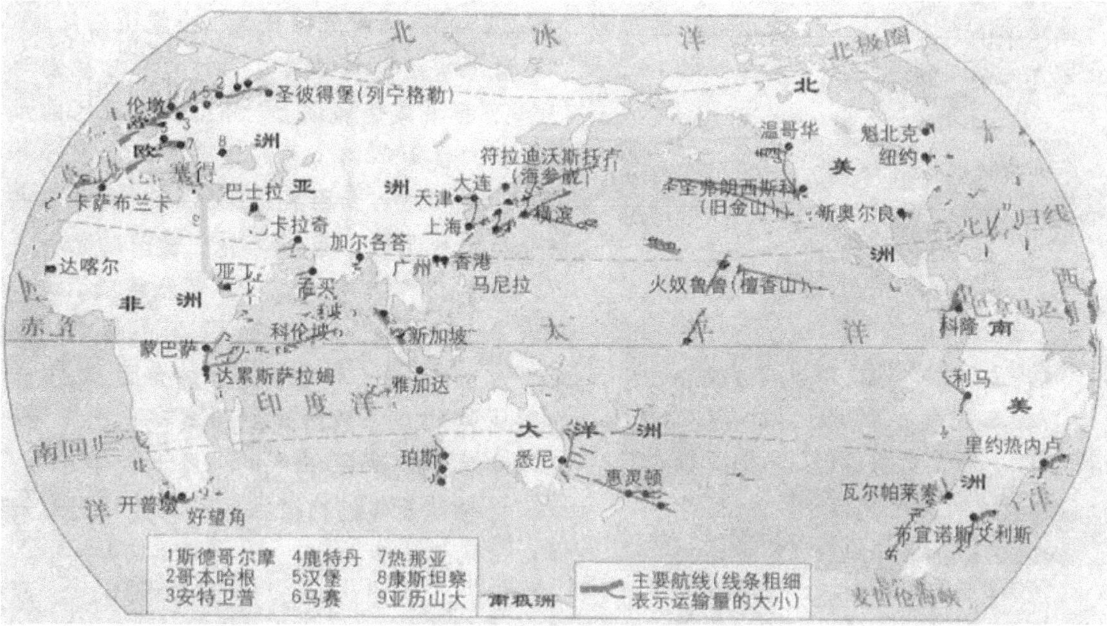

图 2-1　世界主要海港和航线示意图

1. 从中国上海港出发，按照挂靠顺序，在图 2-1 中画出下列 10 条航线，沿途必须经过海峡或运河，在图中标出海峡或运河的位置，并写出海峡和运河的名称。

①中国—新马航线

②中国—印尼航线

③中国—波斯湾航线

④中国—日本航线

⑤中国—澳新航线

⑥中国—西非航线

⑦中国—地西航线

⑧中国—西欧航线

⑨中国—美东航线

⑩中国—美西航线

2. 下列 10 条航线沿线各港口，在电子地图库 http://www.8264.com/ditu 中并没有都标示出来，在地图中找出标示出的港口，按照从中国港口出发的挂靠顺序，写出港口的英文名称(多选少选均不得分，是外港的，找出本港即可)。

①中国—新马航线

②中国—菲律宾航线

③中国—波斯湾航线

④中国—日本航线

⑤中国—澳新航线

⑥中国—西非航线

⑦中国—地西航线

⑧中国—西欧航线

⑨中国—南美东航线

⑩中国—美东航线

二、港口英文训练

1. 单项选择题

(1)下列哪个港口是新马航线港口？ (　　)

A. SINGAPORE　B. MANILA　C. BANGKOK　D. SONGKHLA

(2)下列哪个港口是马来西亚最大港口，也是首都吉隆坡的外港？ (　　)

A. PENANG　B. MALACCA　C. PORT KELANG　D. SIBU

(3)下列哪个港口称孟买新港，也是印度最大的集装箱港口？ (　　)

A. COLOMBO　B. NHAVA SHEVA　C. JAKARTA　D. SEMARANG

(4)下列哪个港口是中国运往中东地区货物集散地？ (　　)

A. BOMBAY　B. KARACHI　C. DUBAI　D. COLOMBO

(5)下列哪个港口是地西航线意大利主要港口？ (　　)

A. SINGAPORE　B. MANILA　C. BANGKOK　D. GENOVA

(6)下列哪个港口是欧洲航线英国主要港口？ (　　)

A. FELIXSTOWE　B. MALACCA　C. PORT KELANG　D. SIBU

(7)下列哪个港口属于荷兰的港口？ (　　)

A. ROTTERDAM　B. ANTWERP　C. LE HAVRE　D. FELIXSTOWE

(8)下列哪个港口是欧洲航线中德国的主要港口？ (　　)

A. SOUTHAMPTON　B. LE HAVRE

C. HAMBURG　D. FELIXSTOWE

(9)下列哪个港口是菲律宾最大的港口？ (　　)

A. ILOILO　B. DAVAO　C. MANILA　D. FELIXSTOWE

(10)下列哪个港口是泰国最大的集装箱港口? ( )
A. DANANG B. BANGKOK
C. HOHGAY D. LAEM CHARBANG

(11)下列哪个港口是越南南方最大的港口,被西方船公司称为西贡港? ( )
A. HOCHIMINHY B. HAIPHONG
C. MANILA D. FELIXSTOWE

(12)下列哪个港口是尼泊尔、不丹和锡金的出海口? ( )
A. CHITTAGONG B. CALCUTTA
C. MANILA D. FELIXSTOWE

(13)下列哪个港口是金奈港,我国船公司称其为马德拉斯? ( )
A. CALCUTTA B. DAVAO C. RANGOON D. CHENNAI

(14)下列哪个港口是印度尼西亚首都雅加达的外港? ( )
A. TANJUNGPRIOK B. BANGKOK
C. SEMARANG D. LAEM CHARBANG

(15)下列哪个港口是澳大利亚最大的港口? ( )
A. ADELAIDE B. MELBOURNE C. BRISBANE D. SYDNEY

(16)下列哪个港口是日本最大的集装箱港? ( )
A. MOJI B. KOBE C. OSAKA D. TOKYO

(17)下列哪个港口是韩国最大的港? ( )
A. INCHEON B. KWANGYANG C. PUSAN D. WULSAN

(18)下列哪个港口是沙特阿拉伯最大的商港? ( )
A. IHODEIDAH B. JEDDAH C. PUSAN D. PORT SUDAN

(19)下列哪个港口是南非最大的集装箱港? ( )
A. DARESSALAAM B. JEDDAH
C. ELIZABETH D. DURBAN

(20)下列哪个港口是东非最重要的中转港? ( )
A. MOMBASA B. MAPUTO
C. LOUIS D. DARESSALAAM

(21)下列哪个港口是中国运往西非货物的主要集散地? ( )
A. MATADI B. LOME
C. POINTE NOIRE D. LAEM CHARBANG

(22)下列哪个港口是南、北非间重要的中转港? ( )
A. CAPE TOWN B. POINTE NOIRE C. MANILA D. LOME

(23)下列哪个港口是埃及最大的港口? ( )
A. ASHDOD B. MERSIN C. PORT SAID D. ALEXANDRIA

(24)下列哪个港口是以色列最主要港口? ( )
A. ASHDOD B. LIMASOOL C. PORT KELANG D. HAIFA

(25)下列哪个港口是土耳其最大的港口? ( )

A. DAMIETTA B. RIJEKA C. ISTANBUL D. IZMIR

(26)下列哪个港口是地东航线集装箱中转港,主要中转由远东运往欧洲的货物? ( )

A. ASHDOD B. LIMASOOL

C. PORT KELANG D. HAIFA

(27)下列哪个港口中国远洋获得了 35 年的港口特许经营权? ( )

A. CONSTANZA B. ILLICHIVSK

C. PIRAEUS D. THESSALONIKI

(28)下列哪个港口是法国和地中海最大商港? ( )

A. LA SPEZIA B. GENOVA

C. NAPLES D. MARSEILLES-FOS

(29)下列哪个港口是欧洲最大集装箱港口,西欧主要的货物集散地? ( )

A. ROTTERDAM B. ANTWERP C. LE HAVRE D. FELIXSTOWE

(30)下列哪个港口是挪威最大的港? ( )

A. AARHUS B. OSLO C. ANTWERP D. BERGEN

(31)下列哪个港口是瑞典最大的港? ( )

A. GOTHENBURG B. OSLO

C. STOCKHOLM D. BERGEN

(32)下列哪个港口是丹麦最大的港? ( )

A. GOTHENBURG B. OSLO

C. STOCKHOLM D. COPENHAGEN

(33)下列哪个港口是加拿大最大的港口,也是世界主要的小麦输出港? ( )

A. TACOMA B. SEATTLE C. ANTWERP D. VANCOUVE

(34)下列哪个港口是美国西海岸最大的物流中心? ( )

A. LONG BEACH B. SEATTLE

C. LOSANGLES D. VANCOUVE

(35)下列哪个港口是美国东海岸最大的交通枢纽? ( )

A. LONG BEACH B. BALTIMORE

C. LOSANGLES D. NEW YORK—NEW JERSEY

(36)下列哪个港口是世界最大的小麦输出港? ( )

A. BOSTON B. TORONTO C. LOSANGLES D. MONTREAL

(37)下列哪个港口是墨西哥最大的港口? ( )

A. BOSTON B. TORONTO C. LOSANGLES D. MANZANILLO

(38)下列哪个港口是南美洲著名的香蕉港? ( )

A. MANZANILLO B. CABEELLO

C. LOSANGLES D. GUAYAQUIL

(39)下列哪个港口是南美洲著名的鱼制品进出口港？（　　）

A. MANZANILLO　　B. CABEELLO

C. LOSANGLES　　D. GUAYAQUIL

(40)下列哪个港口是巴西第一大港，也是世界最大的咖啡输出港？（　　）

A. VICTORIA　　B. SANTOS

C. PANANAGUA　　D. VANCOUVE

2. 多项选择题

(1)下列哪些是美西航线基本港？（　　）

A. SEATTLE　　B. TACOMA　　C. LONG BEACH　　D. PUSAN

(2)下列哪些属于中国—韩国航线港口？（　　）

A. INCHEON　　B. PUSAN　　C. MOJI　　D. TOKYO

(3)下列哪些属于中国—日本航线基本港？（　　）

A. MOJI　　B. KOBE　　C. OSAKA　　D. NAGOYA

E. SYDNEY　　F. ADELAIDE

(4)下列哪些属于中国—地东航线中埃及的基本港？（　　）

A. ALEXANDRIA　　B. PORT SAID　　C. LOME　　D. TEMA

(5)下列哪些属于中国—澳新航线澳大利亚基本港？（　　）

A. BRISBANE　　B. SYDNEY　　C. KAWASAKI　　D. ADELAIDE

(6)下列哪些属于中国—波斯湾航线伊朗基本港？（　　）

A. BANDAR-ABBAS　　B. DUBAI　　C. DOHA　　D. ABADAN

(7)下列哪些属于地中海集装箱三大中转港？（　　）

A. MARSAXLOKK　　B. LIVORNO

C. GIOIA TAURO　　D. ALGECILAS

(8)下列哪些属于中国—波斯湾航线基本港？（　　）

A. KUWAIT　　B. MENA AL AHMADI

C. BAHRAIN　　D. PUSAN

(9)下列哪些属于中国—印尼航线基本港？（　　）

A. COLOMBO　　B. BELAWAN

C. TANJUNGPRIOK　　D. TANJUNG PERAK

(10)下列哪些是中国—东非航线基本港？（　　）

A. DJIBOUTI　　B. MOMBASA　　C. DURBAN　　D. LOUIS

(11)下列哪些是中国西非航线基本港？（　　）

A. MATADI　　B. POINTE NOIRE　　C. DURBAN　　D. LAGOS

(12)下列哪些是中国—地东航线基本港？（　　）

A. MATADI　　B. BEIRUT　　C. MERSIN　　D. ANCONA

(13)下列哪些是中国—黑海/爱琴海航线基本港？（　　）

A. PIRAEUS　　B. CONSTANZA　　C. NOVOROSSIYSK　　D. ODESSA

三、海运费计算训练

1. 某票货 3×20GP　FCL，从连云港出口到欧洲的鹿特丹，经新加坡转船，由于埃及封锁了苏伊士运河，需要绕道好望角。连云港到鹿特丹的费率是：USD2000.00/ 20GP A.I.R，该票货需要转船和绕航，转船附加费为：USD100/20GP，绕航附加费为：USD200/20GP，问：托运人应支付多少运费？

2. 上海运往汉堡一批衬衣，装 4×40HQ，2×40GP ，2×20GP。海运费：O/F＋BAF＋CAF＋PSS ＋SCS＋ENS，USD 800/ 1400/ 1450，150/ 220/ 220，20%，150/ 200/ 200，10 / TEU，25 / BILL，计算总运费。

3. 从日本进口 1000 辆尼桑轿车，运价 USD100，写出总运费。

4. 某物流公司为嘉兴红叶公司代理一批渔具的出口运输，货物毛重为 15.00MT，尺码为 211 CBM，目的港为哈利法克斯港，试计算运费总额(运价表见教材中的表 2-1、表 2-2)。

5. 我国向新加坡出口 100 公斤金属锈，价格 USD1200/KG CIF 新加坡，计费标准：Ad. Val＝10％，问该批货物的运费是多少？

6. 某轮从广州装载杂货人造纤维，体积为 20CBM，毛重为 17.8MT，运往欧洲某港口，托运人要求选择卸货 Rotterdam 或 Hamburg，这两个港都是基本港，基本运费率为 USD50.0/FT，两个以内选卸港的附加费率为 USD3.0/FT，计费标准：W/M，请问：

(1) 该托运人应支付多少运费？

(2) 如果改用集装箱运输，海运费的基本费率为 USD1100/TEU，货币贬值附加费 10％，燃油附加费 10％，改用集装箱运输时，该托运人应支付多少运费(以美元计)？

(3) 若不计杂货运输和集装箱运输两种方式的其他费用，托运人从节省海运费考虑，是否应选择改用集装箱运输？

7. 某进出口企业委托一国际货运代理企业代办一小桶货物以海运方式出口国外。货物的重量为 0.5 吨，小桶(圆的)直径为 0.7 米，桶高为 1 米。货代最后为货主找到一杂货班轮公司承运该货物。货代查了该船公司的运价本，运价本中对该货物运输航线、港口、运价等规定为：基本运价是 USD100/FT，燃油附加费 10％，货币贬值费 10％，计费标准是：W/M，Mini Freight：1FT，你作为货运代理人，请计算该批货物的运费并告诉货主以下内容(1)货物的计费吨是多少？(运费单位：吨)(2)该批货物的基本运费是多少？(3)该批货物的附加运费是多少？总运费是多少？

8. 从天津港运往鹿特丹/汉堡/不来梅港毛表一批计 300 箱，每箱重量为 60 千克，每箱体积 0.1 立方米，价格为 USD1200 FOB 天津。查费率表得知该货物的计费标准为：W/M/A.V，该航线的基本费率 120 美元(TNE)，100 美元(MTQ)，另有港口附加费 14 美元(TNE)，10 美元(MTQ)，选卸港附加费 30%，燃油附加费 15%，从价费率为 10%。求该批货物的总运费(注：从价费率没有附加费)。

9. 某公司向日本出口冻驴肉 30 吨，共需装 1500 箱，每箱毛重 25 千克，每箱体积为 20cm×30cm×40cm。原对日报价每箱 FOB 新港 30 美元，日商回电要求改报 CFR 神户。问：该批货物的运费是多少？CFR 价每箱应为多少美元(设去日本航线每运费吨的运价 144 美元，计费标准是 W/M)？

10. 从天津港运往鹿特丹/汉堡/不来梅港照相机一批计 300 箱，每箱重量为 60 千克，每箱体积 0.1 立方米，价格为 USD1200 FOB 天津。查费率表得知该货物的计费标准为：W/M plus A.V，该航线的基本费率 120 美元(TNE)，100 美元(MTQ)，另有港口附加费 14 美元(TNE)，10 美元(MTQ)，选卸港附加费 30%，燃油附加费 15%，从价费率为 10%。求该批货物的总运费(注：从价费率没有附加费)。

11. 某出口公司向马来西亚出口大型机床一台，其毛重为 7.5 吨，目的港是巴生港或槟城。运送机床去新马航线的基本费率每运费吨为 1500 港元，超重附加费 100 港元/F. T，超长附加费 150 港元/F. T，选港附加费 80 港元/F. T。该机床既超长，又超重。问：该机床的总运费为多少？

12. 上海向巴西出口衬衣一批，体积为 100 立方米，需经香港转船运往目的港。该船公司公布的运价表如下：货物等级为 10 级，计费标准为“M”，第一程运费为 25 美元/F. T，第二程运费为 140 美元/F. T，转船附加费为 800 港元/F. T(美元同港元的比率为 1∶7.8)，燃油附加费按基本运价的 10%征收，按照美元收取运费。求该批衬衣应付的运费总额。(提示：该题有两个答案，转船附加费也需征收燃油附加费，见教材转船附加费)

13. 中国某港运往塞尔维亚贝尔格莱德港货物 500 千克，在埃及塞得港转船，基本运费为每运费吨 200 美元，转船附加费 20%，货币贬值附加费 10%，计费标准为：W，计算总运费。

14. 宁波某公司对日本客户出口某种商品共 11 吨，按照散杂货运输。报价为每吨净重 FOB 宁波 1000 港元，后外商要求改报 CFR 大阪，经查该商品用木箱装，50cm×40cm×35cm，每箱装货 22 公斤，箱重 6 公斤，计费标准“W/M”，从宁波至大阪每运费吨运价为 25 美元，另收港口附加费 20%，请计算运费并重新报价(美元同港元的比率为 1∶7.8，一般改变价格术语时，不能改变报价币种)。

项目三　集装箱班轮运输货运代理操作训练

一、集装箱整箱货出口货代操作训练

1. 某公司从宁波港出口4个集装箱的货物去日本大阪港，卖方租船，属于法检商品，需要海关查验，托收结算，委托货代公司代办出口货运业务。请用符号标出货代操作的先后顺序。

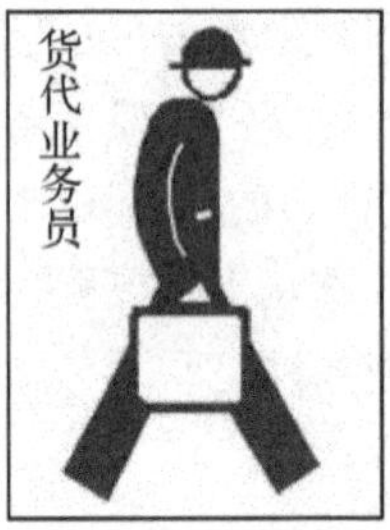

工厂仓库

深圳航华国际船务代理有限公司
CHINA SAILING
CHINA SAILING(SHENZHEN)INTERNATIONAL SHIPPING AGENCY LTD

中国银行
BANK OF CHINA

中华人民共和国
海关监管区

2. 在集装箱整箱货出口货代操作中可能需要的单证上打上“√”。

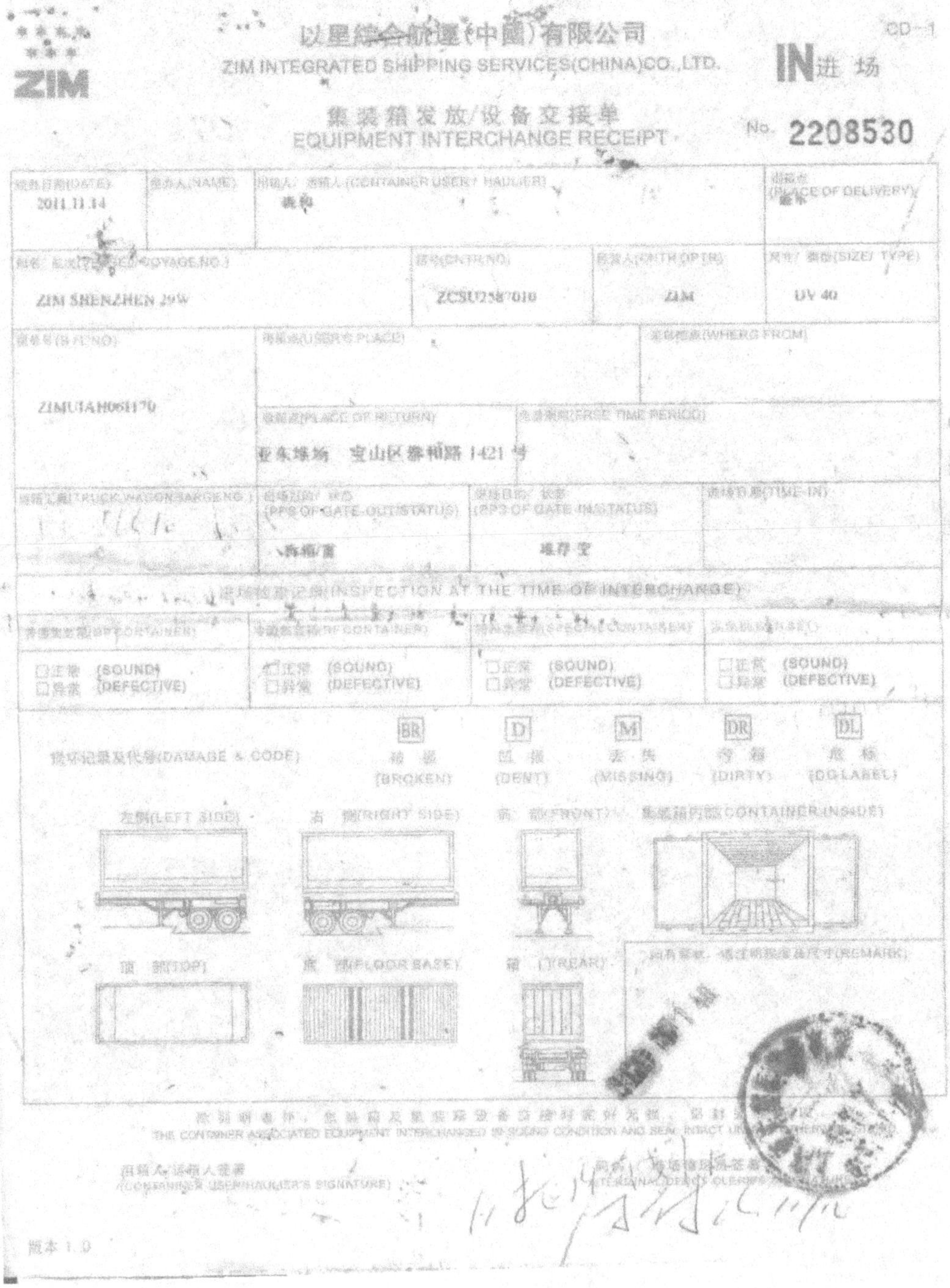

以星综合航运(中国)有限公司
ZIM INTEGRATED SHIPPING SERVICES(CHINA)CO.,LTD.

CD-1

IN 进 场

集装箱发放/设备交接单
EQUIPMENT INTERCHANGE RECEIPT

No. 2208530

日期(DATE)	经办人(NAME)	用箱人/运箱人(CONTAINER USER/HAULIER)	提箱点(PLACE OF DELIVERY)
2011.11.14			

船名/航次(VESSEL/VOYAGE NO.)	箱号(CNTR.NO.)	箱经营人(CNTR.OPTR)	尺寸/类型(SIZE/TYPE)
ZIM SHENZHEN 29W	ZCSU2587010	ZIM	

提单号(B/L NO.)	用箱点(USER'S PLACE)	来自地点(WHERE FROM)
ZIMUTAH061170		

返回/收箱地点(PLACE OF RETURN)	免费期限(FREE TIME PERIOD)
亚东堆场 宝山区 1421 号	

运载工具号(TRUCK,WAGON,BARGE NO.)	出场目的/状态(PPS OF GATE-OUT/STATUS)	进场目的/状态(PPS OF GATE-IN/STATUS)	进场日期(TIME-IN)
		堆存 空	

(3) 用箱人/运箱人

进场检查记录(INSPECTION AT THE TIME OF INTERCHANGE)

普通集装箱(GP CONTAINER)	冷藏集装箱(RF CONTAINER)	特种集装箱(SPECIAL CONTAINER)	发电机(GEN SET)
□正常 (SOUND) □异常 (DEFECTIVE)	□正常 (SOUND) □异常 (DEFECTIVE)	□正常 (SOUND) □异常 (DEFECTIVE)	□正常 (SOUND) □异常 (DEFECTIVE)

损坏记录及代号(DAMAGE & CODE)　BR 破损(BROKEN)　D 凹损(DENT)　M 丢失(MISSING)　DR 污箱(DIRTY)　DL 危标(DG LABEL)

左侧(LEFT SIDE)　右侧(RIGHT SIDE)　前部(FRONT)　集装箱内部(CONTAINER INSIDE)

顶部(TOP)　底部(FLOOR BASE)　箱门(REAR)

如有异状，请注明程度及尺寸(REMARK)

除列明者外，集装箱及集装箱设备交接时完好无损，铅封完整无误。
THE CONTAINER/ASSOCIATED EQUIPMENT INTERCHANGED IN SOUND CONDITION AND SEAL INTACT UNLESS OTHERWISE STATED

用箱人/运箱人签署
(CONTAINER USER/HAULIER'S SIGNATURE)

码头/堆场值班员签署
(TERMINAL/DEPOT CLERK'S SIGNATURE)

版本 1.0

中国上海外轮代理有限公司

CHINA OCEAN SHIPPING AGENCY, SHANGHAI

进口集装箱货物提货单

DELIVERY ORDER

船舶呼号：DSQT9

0000619473

换单日期 20111226

港区场站

收货人名称	TO THE ORDER OF LACQUER CRAFT MFG.	收货人开户银行与帐号	

船名	航次	起运港	目的港	船舶预计到港时间
高丽青岛 KMTC QINGDAO	1113N	PENANG	SHANGHAI	20111224
提单号	交付条款	卸货地点	进库场日期	第一程运输
KMTCPEN0116669	CY-CY	外高桥五期		

标记与集装箱号	货　　名	集装箱数或件数	重量(KGS)	体积(M^3)
N/M TGHU9041414 KMTB060250 40HC	1 X40HC 27 BUNDLES RUBBERWOOD ROUGHSAWN AS PER ATTACHED SHEET SHIPPED IN BOARD KMTC QINGDAO 1113N ON 14.12.2011 AT PENANG MALAYSIA	27	20504.98	30.992

1X40F

船代公司重要提示：

(1) 本提货单中有关船、货内容按照提单的相关显示填制；
(2) 请当场核查本提货单内容错误之处，否则本公司不承担由此产生的责任和损失；(Error And Omission Excepted)
(3) 本提货单仅为向承运人或承运人委托的雇佣人或替承运人保管货物订立合同的人提货的凭证，不得买卖转让；(Non-negotiable)
(4) 在本提货单下，承运人代理人及雇佣人的任何行为，均应被视为代表承运人的行为，均应享受承运人享有的免责、责任限制和其他任何抗辩理由；(Himalaya Clause)
(5) 本提货单所列的船舶预计到港时间，不作为申报进境和计算滞报金、滞箱费、疏港费等起算的依据，货主不及时换单和提货造成的损失，责任自负；
(6) 本提货单中的中文译文仅供参考。

中国上海外轮代理有限公司
(盖章有效)
年　月　日

码头查询电话
68685006

注意事项：

1. 本提货单需盖有船代放货章和海关放行章后方始有效。凡属法定检验、检疫的进口商品，必须向检验检疫机构申报。
2. 提货人到码头公司办理提货手续时，应出示单位证明或经办人身份证明。提货人若非本提货单记名收货人时，还应当出示提货单记名收货人开具的证明，以表明其为有权提货的人。
3. 货物超过港存期，码头公司可以按《上海港口货物疏运管理条例》的有关规定处理。在规定期间无人提取的货物，按《海关法》和国家有关规定处理。

收货人章	海关章
1	2
检验检疫章	
3	4
5	6

REF NO.:PSH/QF—116　　ISSUE NO.1　　ISSUE DATE:01/10/2000

中海集装箱运输股份有限公司

CHINA SHIPPING CONTAINER LINES CO., LTD.

OUT 出

集装箱发放/设备交接单

EQUIPMENT INTERCHANGE RECEIPT

放单日期 2011-11-2[illegible]　　　No. EX[illegible]0008

用箱人/运箱人 (CONTAINER USER/HAULIER)	货主填写栏（如有涂改，请盖章确认）/重量（仅指货重，不包括皮重）（公斤） WRITTEN BY SHIPPER (STAMPED BY SEAL IF REVISED) / WEIGHT (ONLY FOR CARGO
宁波[illegible]国际货运代理有限公司船务部（电子）	

提箱地点 (PLACE OF DELIVERY)	发往地点 (DELIVERED TO)	返回/收箱地点 (PLACE OF RETU
宁波北仑三期（2011-12-2前提箱有效）		北仑（四期）[illegible]堆场

船名/航次 (VESSEL/VOYAGE NO.)	集装箱号 (CONTAINER NO.)	尺寸/类型 (SIZE/TYPE)	营运人 (CNTR. OP
EVER RACER/0512-		40HC	CSC

提单号 (B/L NO.)	铅封号 (SEAL NO.)	免费期限 (FREE TIME PERIOD)	运载工具牌号 (TRUCK, WAGON, BARG
[illegible]1294		自提箱之日起至装船出运7天免费	

出场目的/状态 (PPS OF GATE-OUT/STATUS)	进场目的/状态 (PPS OF GATE-IN/STATUS)	出场日期 (TIME-OUT)
[illegible] 空箱/装箱	F/PL 重箱/装船	月　日

出场检查记录 (INSPECTION AT THE TIME OF INTERCHANGE)

普通集装箱 (GP CONTAINER)	冷藏集装箱 (RF CONTAINER)	特种集装箱 (SPECIAL CONTAINER)	发电机 (GEN SET)
□ 正常 (SOUND) □ 异常 (DEFECTIVE)	□ 正常 (SOUND) □ 异常 (DEFECTIVE)	□ 正常 (SOUND) □ 异常 (DEFECTIVE)	□ 正常 (SOUND) □ 异常 (DEFECTIVE)

损坏记录及代号 (DAMAGE & CODE)　BR 破损 (BROKEN)　D 凹损 (DENT)　M 丢失 (MISSING)　DR 污箱 (DIRTY)　DL 危标 (DG LABEL)

左侧 (LEFT SIDE)　右侧 (RIGHT SIDE)　前部 (FRONT)　集装箱内部 (CONTAINER INSIDE)

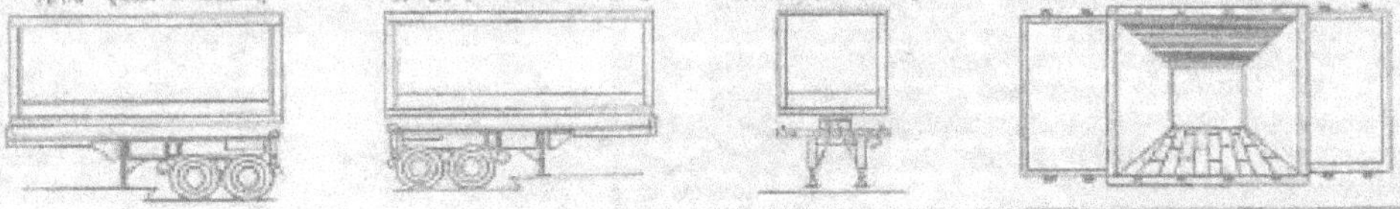

顶部 (TOP)　底部 (FLOOR BASE)　箱门 (REAR)

如有异状，请注明程度及尺寸 (REMARK

中海集装箱运输浙江有限公司

合外贸放箱专用章

除列明者外，集装箱及集装箱设备交换时完好无损，铅封完整无误。

THE CONTAINER/ASSOCIATED EQUIPMENT INTERCHANGED IN SOUND CONDITION AND SEAL INTACT UNLESS OTHERWISE STATED.

用箱人/运箱人签署
(CONTAINER USER/HAULIER'S SIGNATURE)

码头/堆场值班员签署
(TERMINAL/DEPOT CLERK'S SIGNATURE)

中华人民共和国海关进口货物报关单

预录入编号：　　　　　　　　　　　　　　　　　　海关编号：

进口口岸	备案号 Z×××××××××××	进口日期	申报日期	
经营单位(A) 浙江外贸公司 3301910018	运输方式(B) 2	运输工具名称	提运单号(C) 631-54653636	
收货单位(D) 杭州宝华股份有限公司 3301931046	贸易方式(E) 合资合作设备	征免性质(F) 789	征税比例	
许可证号	起运国(地区)(C) 香港	装货港(H) 香港	境内目的地	
批准文号	成交方式(I) CPT	运算	保费(J)	杂费
合同协议号(K) IEO-026	件数(L) 1	包装种类(M) 纸箱	毛重(千克)(N) 155	净重(千克)
集装箱号(O)	随附单据	用途(P) 企业日用		
标号唛码及备注 ATECHS NANTONG R/NO. 1-4. AL-ALL. 1-3 MADE IN TAIWAN				
项号 商品编号 商品名称、规格型号 数量及单位(Q) 原产国(地区)(R) 单位 总价(S) 币制 征免(T)				
电子清纱器 YARN CLEAER 113 千克 PI 120　1 个	7 500	免税		
税费征收情况				
录入员　录入单位	兹声明以上申报无讹并承担法律责任	海关审单批注及放行日期(签章)		
报关员		审单　审价		
单位地址	申报单位(签章)	征税　统计		
邮编　电话	填制日期	查验　放行		

Shipper (发货人)
SHENZHEN LONGFUJIA TRADE CO.,LTD.
28 DONG 1-201,XIAFU XIAOQU,YIWUZHEJIANG CHINA
TEL:86-579-8545-3003 FAX:86-579-8545-3004

D/R No.(编号)
CVAWL119049

宁波外运

MYNBC11050531

Consignee (收货人)
ALMACEN LOURDES S.A.
19 CALLE 3-66 ZONA 1 GUATEMAL CITY

装 货 单
场站收据副本

第五联

Received by the Carrier the Total number of containers or other packages or units stated below to be transported subject to the terms and conditions of the Carrier's regular form of Bill of Lading(for Combined Transport or Port to Port Shipment)which shall be deemed to be incorporated herein

Date (日期)

Notify Party (通知人)
SAME AS CNEE

Pre-carriage by (前程运输) | Place of Receipt (收货地点)

Ocean vessel (船名) Voy No. (航次) | Port of Loading (装货港)
CSAV LICANTEN V.1119E NINGBO

场站章

Port of Discharge (卸货港) | Place of Delivery (交货地点) | Final Destination for the Merchant's Reference (目的地)
GTPRQ | GUATEMALA CITY |

Particulars Furnished by Merchants (托运人提供详细情况)

Container No. (集装箱号)	Seal No. (封志号) Marks & Nos. (标记与号码)	No.of containers or P'kgs. (箱数或件数)	Kind of Packages;Description of Goods (包装种类与货名)	Gross Weight 毛重(公斤)	Measurement 尺码(立方米)
	N/M	542 CTNS	STONE PEARL BEAD TONGS METAL PART WIRE FISHING LINE WATCH OPP FREIGHT PREPAID 1X22G1	14,000.000KGS CY/CY	28.00

TOTAL NUMBER OF CONTAINERS OR PACKAGES(IN WORDS) 集装箱数或件数合计(大写)

Container No. (箱号)	Seal No. (封志号)	Pkgs. (件数)	Container No. (箱号)	Seal No. (封志号)	Pkgs. (件数)
IPXU3167840/P1418118					

宁波外运国际集装箱货运有限公司
CNX(5)
港口费用结算--顾冈益

Received (实收) | By Terminal Clerk (场站员签字)

FREIGHT & CHARGES	Prepaid at (预付地点)	Payable at (到付地点)	Place of Issue (签发地点) AT NINGBO
	Total Prepaid (预付总额)	No.of Original B(s)/L (正本提单份数) THREE	BOOKING (订舱确认) APPROVED BY

Service Type on Receiving	Service Type on Delivery	Reefer Temperature Required (冷藏温度)	°F	°C
□-CY □-CFS □-DOOR	□-CY □-CFS □-DOOR			

TYPE OF GOODS (种类)	□ Ordinary (普通) □ Reefer (冷藏) □ Dangerous (危险品) □ Auto (裸装车辆) □ Liquid (液体) □ Live Animal (活动物) □ Bulk (散货) □	危险品	Class: Property: IMDG Code Page: UN No.

制单人:顾冈益

宁波港东南物流有限公司
NINGBO PORT SOUTHEAST LOGISTICS CO.,LTD.

装 箱 单 SEL_HYB_1427218
CONTAINER LOAD PLAN

集装箱号 Container No.	集装箱规格 Type of Container: 40HQ
铅封号 Seal No.	20 40

船名 Ocean Vessel	航次 Voy No.	装货港 Port of Loading	中转港 Port of Tranship
CMA CGM ALEXANDER VON HUMBOLDT	V.FLA34	北仑四期 NINGBO	DEHAM
			卸货港 Port of Discharging GDYNIA GDYNIA

提单号码 B/L No.	标志和号码 Marks & Numbers	件数及包装种类 No. & Kind of Pkgs.	货名 Description of Goods	重量(公斤) Weight Kg	尺码(立方米) Measurement Cu.M.	备注 Remarks
NBDN144616		480CARTON			63CBM	
H5NT140913	N/M		实际毛重:____________KGS			
			各工厂注意：请如实填写"实际毛重"，如未填或错填则由贵司无件自行承担RMB2000/TEU的罚金及一切后果，请千万注意！！！			
			CHAIRS PARTS HS CODE 9401909000 SQ NO:QCOP003447 NAME ACCOUNT:Bestseller			
			总件数 Total Number of Packages 重量及尺码总计 Total Weight & Measurement			冷藏温度 ℃ ℉

驾驶员签收及车号	装箱人签名		总毛重 Gross Weight	
傅颜婷				

装箱人名称/地址/电话：

2014-03-04

正牌箱

到厂时间： 电话：

离厂时间：

备注：如未按要求服务，请在装箱单上注明或投诉。 传真：

请工厂相关负责人装完箱后必须填写，否则以车队提供的时间为准！

各装箱单位：

如有件数、毛重更改请务必在装箱单上显示。

车队提箱时须知：

不得破损、污染、水湿，否则由此引起一切损失由车队负责。

东南物流海运部

箱单样本2.tif (2338x1653x2 tiff)

JG02 *0000000000685584408*

数据中心统一编号：0000000000685584408

中华人民共和国海关出口货物报关单

预录入编号：219864912　　申报现场：义乌海关(2921)　海关编号：292120090219864912

出口口岸 (3104) 北仑海关	备案号	出口日期	申报日期 20091118
经营单位 (3318960216) 义乌市永业进出口有限公司	运输方式 水路运输	运输工具名称 CSCLOCEANIA/GE347	提运单号 NGBDXB010115
发货单位 (3318960216) 义乌市永业进出口有限公司	贸易方式 (0110) 一般贸易	征免性质 (101) 一般征税	结汇方式 电汇
许可证号	运抵国(地区) (138) 阿联酋	指运港 (1543) 迪拜	境内货源地 (33189) 义乌
批准文号 733096008	成交方式 FOB	运费	保费 / 杂费
合同协议号	件数 213	包装种类 包	毛重(公斤) 12130 / 净重(公斤) 11917
集装箱号 CCLU7094929 * 1(2)	随附单据		生产厂家

标记唛码及备注
备注：属地申报，口岸验放
随附单证号：

项号	商品编号	商品名称、规格型号	数量及单位	最终目的国(地区)	单价	总价	币制	征免
1	61159600.19	袜子 针织;短袜;全涤;无牌	246850双 9065千克 246850双	阿联酋 (138)	0.2380	58761.10	(502) 美元	照章征税
2	61046300.99	九分裤 针织;女式;95%涤纶，5%氨纶; 无牌	2700条 626千克 2700条	阿联酋 (138)	0.2200	594.00	(502) 美元	照章征税
3	65059010.00	帽子 钩编;全涤;无牌	7200个 695千克 7200个	阿联酋 (138)	0.1300	936.00	(502) 美元	照章征税
4	61178090.00	胸针 全涤;针织	1480.80千克 1480.80千克	阿联酋 (138)	0.9342	1383.32	(502) 美元	照章征税
5	96151900.90	发爪 铁制	17千克 17千克	阿联酋 (138)	0.7000	11.90	(502) 美元	照章征税

税费征收情况

录入员　录入单位 8300000114320	兹声明以上申报无讹并承担法律责任	海关审单批注及放行日期(签章)
报关员 46000083 秦光超		审单　审价
单位地址	申报单位(签章) 义乌市捷达报关代理有限公司 （印章：义乌市捷达报关代理有限公司 （义乌海关） 报关专用章）	征税　统计
邮编　电话	填制日期 20091118	查验　放行

1/2

三联单/舱单数据

NINGBO-VANCOUVER

船名航次：COSCO VANCOUVER V.064E

提 单 号：COSU6041184640

件　　数：1080CTNS

毛　　重：15552KGS

体　　积：255.96CBM

箱 封 号：

CBHU9010953/N746242/270CTNS/3888KGS/63.990CBM/40HQ

CBHU9011055/N746241/270CTNS/3888KGS/63.990CBM/40HQ

CBHU9011029/N746248/270CTNS/3888KGS/63.990CBM/40HQ

CBHU9011040/N746244/270CTNS/3888KGS/63.990CBM/40HQ

品　　名：TOOL BOX

客户放柜通知书

CMA CGM

1 之 2

达 04-MAR-14 02:49 PM

致	宁波港东南物流有限公司 宁波市江东区朝晖路188号、民安路306号颐	从	达飞轮船（中国）有限公司宁波分公司 宁波市彩虹北路48号波特曼大厦24楼、0
编号		电话 电邮 传真 联络人	 ngp.rlo@cma-cgm.com Robin Lo
订舱号	NBDN144616	订舱日期	28-FEB-14
Shipping Company:	CMA CGM		
船名/航次	CMA CGM ALEXANDER VON HUMBOLDT / FLA34W/FLA		
收货地:			
装运港(POL)	CNNGB - Ningbo	截关：	11-MAR-2014 06:00 PM
装运港码头	Gangji Terminal	预计开船日(ETD)	13-MAR-2014 03:00 PM
中转港	DEHAM - Hamburg	预计到港日(ETA)	
卸货港(POD)	PLGDY - Gdynia	预计到港日(ETA)	
目的地(FPOD)			

放柜编号	NBDN144616-001		
柜型及柜数	1 x 40 HC [GP without ventilation HC]		
提柜地点		提柜日期/时间	04-MAR-2014 06:11
AN LIAN (AN XIN) Transportation Co			
		货名	Parts of seats, n.e.s.
jingang zhong road no.680		货重	5.223 TNE
ningbo free trade zone		毛重	9.123 TNE
		集装箱号码	
315800			
CHINA		备注	

放柜编号	NBDN144616-002		
柜型及柜数	1 x 40 HC [GP without ventilation HC]		
提柜地点		提柜日期/时间	04-MAR-2014 06:11
AN LIAN (AN XIN) Transportation Co			
		货名	Parts of seats, n.e.s.
jingang zhong road no.680		货重	5.223 TNE
ningbo free trade zone		毛重	9.123 TNE
		集装箱号码	
315800			
CHINA		备注	

CLAUSES： 请注意以下用箱要求(Please pay attention to below regulations on container utilization):<B/L Ref>
1. 此箱只能用于该票货，如未能"专箱专用"，我司将收取单证更正费RMB100/箱；

箱单样本1.tif (2338x1653x2 tiff)

中华人民共和国出入境检验检疫
ENTRY-EXIT INSPECTION AND QUARANTINE
OF THE PEOPLE'S REPUBLIC OF CHINA

正　本
ORIGINAL

编号 No.: ××××××××××××××

品 质 证 书
QUALITY CERTIFICATE

发货人
Consignor　×××进出口有限公司
×××　IMPORT & EXPORT COMPANY LTD.

收货人
Consignee　***

品名
Description of Goods　100%棉染织物 44″ 108×58/21×21
100% Cotton dyed fabric

标记及号码
Mark & No.　C/NO. 1-120

报检数量/重量
Quantity/Weight Declared　-12000-码
-12000-yds

包装种类及数量
Number and Type of Packages　全幅卷筒，每卷用聚乙烯袋装
FULL WIDTH ROLLED ON TUBE, EACH ROLL IN IN POLY BAG

运输工具
Means of Conveyance　货车
BY TRUCK

检验结果
RESULTS OF INSPECTION:

从全批货物中，按×××标准抽取样品并按×××标准规定进行检验，结果如下：

From the whole lot of goods, samples were drawn according to Standard ×××and inspected according to the stipulation of Standard ×××with the results as follows:

幅宽（英寸）：
Width (inch): 44

经纬密度（根/英寸）：
Density of warp & weft (per inch): 116.9×56.6

经纬断裂强力（牛顿/5 厘米）：
Breaking strength of warp & weft (N/5cm): 1210×908

水洗尺寸变化（%）：
Dimensional change after washing (%): 0.8×0.1

耐洗色牢度（等级）：
Color fastness to washing (grade): cc: 3
cs: 4

耐磨擦色牢度（等级）：
Color fastness to rubbing (grade) （干摩）dry: 4-5
（湿摩）Wet: 4

原料成分：100%棉
Composition (%): 100% cotton

外观：A 等级
Appearance: Grade A

结论：上述检验结果符合×××标准对 A 级产品的要求。
Conclusion: The above results of inspection are in conformity with the requirements of Standard ××× for grade A products.

****

本证书印刷号：A×××××××

印章
Official Stamp

签证地点 Place of Issue　GUANGZHOU　签证日期 Date of Issue　05 APR., 2000

授权签字人 Authorized Officer　ZHANG XIAOSHAN　签　名 Signature ________

中华人民共和国出入境检验检疫

入境货物通关单

编号：120400110005474000

1. 收货人 天津大通和昌金属制品有限公司 天津静海子牙环保产业园 孙坚仁 15522465184				5. 标记及号码 N/M
2. 发货人 奈斯伦金属贸易有限公司 NAESLUND METAL TRADING AS(A578042682)				
3. 合同/提(运)单号 S10070 /860404189		4. 输出国家或地区 挪威		
6. 运输工具名称及号码 IDUNA -1042		7. 目的地 天津市静海县		8. 集装箱规格及数量 海运40尺普通3个
9. 货物名称及规格 废电线 *** (以下空白)	10. H.S. 编码 7404000010 *** (以下空白)	11. 申报总值 *161640美元 *** (以下空白)		12. 数/重量、包装数量及种类 *67350千克, *35天然木托 (以下空白)
13. 内容 上述货物办完海关手续后，请及时联系落实检验检疫事宜。未经检验检疫，不得销售、使用。对未经检验检疫而擅自销售或者使用的，检验检疫机构将按照法律法规规定予以处罚。 签字：　　日期：2010 年 07 月 29 日 检验检疫专用章 (5)				
14. 备注 上述货物经初步查验，未发现不符合环境保护要求的物质。				

E 6735409　　② 货主须知　　印刷流水号：66735409　　[2-1-1(2002.1.1)·1]

中华人民共和国出入境检验检疫
出境货物通关单

编号：310050204528548000

1. 发货人 浙江正泰电器股份有限公司 ***			5. 标记及号码 ELMA WARSAW C / NO.:
2. 收货人 *** ***			
3. 合同 / 信用证号 GM0204060456 / ***	4. 输往国家或地区 波兰		
6. 运输工具名称及号码 船舶 ***	7. 发货日期 2004. 07. 02		8. 集装箱规格及数量 ***
9. 货物名称及规格 电容器 *** *** （以下空白）	10. H.S. 编码 85321000 *** *** （以下空白）	11. 申报总值 *7671.6 美元 *** *** （以下空白）	12. 数 / 重量、包装数量及种类 *360 个 *656. 5 千克， *53 纸箱 （以下空白）
13. 证明 上述货物业经检验检疫，请海关予以放行。 本通关单有效期至 二〇〇四 年 ……月三十 日 签字：　　　日期：2004 年 07 月 02 日			
14. 备注			

（印章：中华人民共和国上海出入境检验检疫局 检验检疫专用章 (33)）

4936290　　① 货物通关　　印刷流水号：D4936290　　[2-2(2000.1.1)]

Shipper

M/S. TIANJIN ELITE GROUP INC.
86 DAGU ROAD TIANJIN CHINA.

B/L No.: TCR/211

PIL

PACIFIC INTERNATIONAL LINES (PTE) LTD

(Incorporated in Singapore)

COMBINED TRANSPORT BILL OF LADING

Consignee or Order (if "Order" State Notify Party) Code:

TO THE ORDER OF NATIONAL BANK OF
FUJAIRAH DUBAI

Notify Party Code:

NATIONAL BANK OF FUJAIRAH, POST BOX NO.
2979 DUBAI U.A.E. AND OPENERS

Received in apparent good order and condition except as otherwise noted the total number of containers or other packages or units enumerated below for transportation from the place of receipt to the place of delivery subject to the terms hereof. One of the signed Bills of Lading must be surrendered duly endorsed in exchange for the Goods or delivery order. On presentation of this document (duly endorsed) to the Carrier by or on behalf of the Holder, the rights and liabilities arising in accordance with the terms hereof shall (without prejudice to any rule of common law or statute rendering them binding on the Merchant) become binding in all respects between the Carrier and the Holder as though the contract evidenced hereby had been made between them.

SEE TERMS ON ORIGINAL B/L

INTENDED Vessel and Voyage number	Port of Loading	Port of Discharge
CAPE HORN V.9912S	HSINKANG OF TIANJIN CHINA	DUBAI
Place of Receipt	Place of Delivery	Number of original Bs/L

Container Nos/Seal Nos. Marks and/Numbers	No of Container/ Packages	Description of Goods	Gross Weight (Kilos)	Measurement (cu-metres)
CARDINAL TEL:265955 3621 DUBAI C/NO.1-340 PILU897800/13576/CY-CY	340CTNS	ACRYLIC BABY 3 PCS SETS. FREIGHT PREPAID LC NUMBER: 010295000215 THE NAME, ADDRESS & TELEPHONE NUMBER OF THE CARRYING VESSEL'S AGENT AT PORT OF DESTINATION: AL-HARMOHD AGENCIES LTD. TEL:9714-459486 THE VESSEL IS NOT PROHIBITED *FROM* ENTERING ARAB PORTS FOR ANY REASON. ONE CARTON'S PACKAGE IN DAMAGED CONDITION.	8840.00KGS	19.64CBM

ABOVE PARTICULARS AS DECLARED BY SHIPPER

Number of Containers/Packages (in words)

TOTAL: THREE HUNDRED AND FORTY CARTONS ONLY.

FREIGHT & CHARGES

THERE ARE THREE ADDITIONAL COSTS:
COST OF CARGO GEAR LOADING,
PORT CONGESTION FEE
AND THE COST OF UNLOADING IN
DISCHARGING PORT.

Shipped on Board Date: 16 SEP 1999

Place and Date of Issue: TIANJIN 16 SEP 1999

In Witness Whereof this number of Original Bills of lading stated above all of the tenor and date one of which being accomplished the others to stand void.

天海国际船务代理公司
TMSC INTERNATIONAL
SHIPPING AGENCY

ORIGINAL

AS AGENT FOR THE CARRIER PACIFIC INTERNATIONAL LINES(PTE) LTD

for Carrier. PACIFIC INTERNATIONAL LINES (PTE) LTD

订舱明细

复制当前票

订舱状态：已配船

订舱单位：浙江中海物流有限公司　　**承运人：中远集运（COSCO）**　　**业务编号：W01605026**

基本信息

录单时间	2016-04-29	订舱时间	2016-04-29	订舱办	中海宁波公司	受理人	
验船船名		验船航次		验船船期		订舱类别	报文
开船日期	2016-05-09	提单号	NGBBEY004304	长约号	BKG6041732	S/C No.	
船名	CMA CGM LITANI	航次	111BXW	港区	大榭招商码头	签发地点	
接货地	NINGBO	(NINGBO)		起运港	NINGBO	(NINGBO)	
卸货港	BEIRUT	(BEIRUT)		交货地	BEIRUT	(BEIRUT)	
运费条款	C	付款地点		运费说明	OWS COLLECT		
运输条款	CY-FO	放货方式	正本提单				

墨西哥HOUSE单

美线AMS舱单：自发

C 类提单　N　　SCAC/8000 CODE　　NOVCC MB/LNO

美线AMS舱单：代发

真实发货人	真实收货人	真实通知人
国家名	国家名	国家名
城市名	城市名	城市名
省/州名	省/州名	省/州名
邮编	邮编	邮编
具体交货地址		

收发通信息

EORI　　EORI　　EORI

预配舱单 | 装载舱单 | 原始舱单

提单号：578851934　日期：2016-05-04　查询　重置

舱单类型	提单号	船名	航次	UN代码	当前状态	电子口岸收到时间	海关回执时间	毛重	件数	体积	品名	唛头	箱号
预配舱单主要数据	578851934	GJERTRUD MAERSK	616N	UN9320233	21301 预配舱单数据传输成功。	2016-04-28 09:24	2016-04-28 09:31	12220	470				
预配舱单次要数据	578851934	GJERTRUD MAERSK	616N	UN9320233	21301 预配舱单数据传输成功。	2016-04-28 09:25	2016-04-28 09:31	12220	470	66	PART WASHE	N/M	MSKU9183588

共2记录 页数：1 /1 首页| 前页| 后页| 末页|

通关无纸化出口放行通知书

宁波恒鑫报关有限公司：

你单位申报的货物（报关单号000000001101419061）于2016 03-22业经通关无纸化放行，请及时办理后续海关手续。

特此通知。

宁波海关海关

2016年03月22日

预录入编号：519373912　　海关编号：310120160519373912　　*310120160519373912*

出口口岸 (3104) 北仑海关	备案号	出口日期	申报日期 20160322
经营单位 (3306960BDQ 绍兴柯桥铉阳进出口有限公司	运输方式 水路运输	运输工具名称 EVER UBERTY/120E	提运单号 WHL310154
生产销售单 (3306960BDQ) 绍兴柯桥铉阳进出口有限公司	监管方式 (0110) 一般贸易	征免性质 (101) 一般征税	结汇方式 电汇

许可证号	运抵国（地区） (423) 危地马拉	指运港 (423) 危地马拉	境内货源地 (35019) 福州其他
批准文号	成交方式 FOB	运费	保费	杂费

合同协议号 XY1605	件数 1674	包装种类 其它	毛重（千克） 19220.90	净重（千克） 18886.10
集装箱号 WHLU5353634 * 1(2)	随附单证			生产厂家

项号	商品名称、规格型号	数量及单位	最终目的国（地区）	单价	币制
1	锦纶弹力经编染色布　/经编，透孔|	18616.50米	（危地马拉）	1.4400	美元
2	涤纶弹力经编染色布/经编，透孔|染	87424.20米	（危地马拉）	0.5060	美元
3	涤纶弹力经编印花布/经编，透孔|印	41459.60米	（危地马拉）	0.6940	美元
	/				
	/				
	/				
	/				
	/				
	/				
	/				
	/				
	/				
	/				
	/				
	/				
	/				
	/				
	/				
	/				
	/				

兹申明，以上通知由我公司根据海关电子回执打印，保证准确无误。

宁波恒鑫报关有限公司（签印）

3. 写出下列货代出口操作所需要的单证名称(代拉代报)

(1)委托。货主填写________________、报关委托书并交给货代业务员。

(2)递单。货代业务员将______________交给货代操作员去订舱,将报关委托书交给货代报关员用来报关。

(3)订舱。现在都是在网上订舱,具体有两种操作方式。一是货代在货代办公软件的订舱模块填写__________并发给船代或船公司,订妥舱位后,船公司或船代会给货代一个订舱确认书。二是直接登录船公司网站,找到订舱模块,下单订舱,如果订妥舱位,订舱状态会显示"已配船"并加填船名航次。

(4)报检。凡属于国家法定检验商品,报关时需要向海关出示______________,因此报关前先要去口岸商检局取得______________。出口一般在货物的产地报检,凭________________去口岸商检局换单。出口报检需要的单证:①合同②发票③装箱单④报检申报单⑤报检委托书(委托报检)。

(5)集港。又称装柜,一般在装船日的前1—3天要完成货物集港。分为客户自拉自报和货代代拉代报两种。代拉代报:船公司或船代向货代签发__________(又称装柜通知书),货代雇用拖车公司(又称集卡车队)去空箱堆场提取空箱,在空箱堆场门卫处,司机和门卫在______________上签字,确认放柜。司机将空集装箱运到货主仓库装货。装箱完成后,货主的跟单员将填写好的________________交给拖车司机。拖车司机将重箱运往码头堆场,拖车司机和码头堆场的门卫分别在______________上签字,确认收柜。码头堆场门卫在集装箱装箱单上盖章后,将集装箱装箱单的①②③联留下,④⑤装箱人/运箱人联交给货代公司和拖车司机。码头根据集装箱装箱单数据做预录入,形成__________并发给口岸海关。自拉自报集港的过程和步骤与上述基本相同,只不过是货主从货代那里取得提箱单后,自己选择拖车公司和报关行完成装柜和报关。

(6)传数据。货主将____________(行业中称"舱单")发给货代,货代根据舱单数据制作____________(行业称"预配")并发给口岸海关。一代在货物装船后要将舱单数据发给船代或船公司。

(7)报关。口岸海关收到了码头的运抵报告和一代的预配舱单后,报关行才能进行报关。在通关无纸化的情况下。货代报关员根据货主提供的手填__________,或者根据集装箱装箱单等资料,自己先填写手填报关单后,在报关系统中预录入报关单。预录入的报关单经报关经理审核通过后,将预录入报关单及随附单据,通过中国电子口岸系统发送到所属的一级海关主机系统进行审核。审核分为三种情况:一是通过,二是指出错误,三是未通过。指出错误的,货代报关员修改报关单后,重新向海关发送;未通过的,报关单已经转入人工审核,打系统中提示的海关电话,进行解释说明,必要时,报关经理要准备相关资料,去海关现场说明。如果该票货物不需要查验,海关直接签发放行通知书发给报关行和码头;如果该票货物需要查验,等查验合格后,海关再签发_____________,目前绝大多数货物不需要查验。对需要缴纳关税的资源性商品,在向海关网上申报时就预扣关税,等海关审核通过后,将税款从货主账户中划到国库。

(8)查验。海关人员去码头堆场现场查验货物,检查单、货是否相符,商品编码填写是否正确。查验一般在码头堆场专门隔离出的海关监管区进行。

(9)装船。船靠岸后,码头理货公司凭海关传过来的____________装载货物。

(10)确单。船代以电子邮件或传真的形式给货代单证员发送____________(预出提单),货代单证员对提单初步审核后,传给货主单证员终审,货主单证员审核有异议的,提出修改意见给船代修改。审核通过后,货主单证员发__________(提单OK件)给船代。船代根据确认件出____________。

(11)取单。一般开船后第二天,货代可去船代那里领取______________。

(12)寄单。货主支付各项费用后,货代单证员向货主交寄________________、____________________等单证。

二、集装箱整箱货进口货代操作训练

1. 从法国福斯港进口7个集装箱的货物到中国宁波港,卖方租船,该商品属于法检商品、需要海关查验、需要缴纳进口关税和增值税,信用证结算。用序号标出货代操作顺序。

MSC TRACKING & TRACING

Search by: Container / Bill Of Lading MSCUZB694579 SEARCH FAQ HELP

MSC Tracking system results are for reference only, see Disclaimer. The latest movement of the container may not be up-to-date. Please contact your local agent for the latest information. Thank you.

© 2014 MSC Mediterranean Shipping Company S.A., Geneva, Switzerland.

Bill of Lading: MSCUZB694579 (3 containers)

Bill of Lading Details		Route		Transhipment
Schedule	14/10/2013	Port of Load	SANTOS, BR	
Vessel	FEDERAL (340R)	Port of Discharge	NINGBO, CN	
		Final Destination	ZHAPU, CN	

B/L issued by MSC SANTOS

MSCU3288371

Container Details		Location	Description	Date	Vessel	Voyage
Container	MSCU3288371	ZHAPU, 33, CN	Empty in Container Yard	24/12/2013		
Type	20' DRY VAN	ZHAPU, 33, CN	Gate Out Full	23/12/2013		
Shipped To	ZHAPU, CN	ZHAPU, 33, CN	Positioned In	20/12/2013		
Final POD	NINGBO, CN	NINGBO, 33, CN	Positioned Out	20/12/2013		
PRINT DETAILS		NINGBO, 33, CN	Discharged	11/12/2013	CMA CGM MAGELLAN	FLA09E
		JEBEL ALI, AE	Transshipment Loaded	21/11/2013	CMA CGM MAGELLAN	FLA09E
		JEBEL ALI, AE	Transshipment Discharged	18/11/2013	BUXTAURUS	IZ343A
		COEGA, EC, ZA	Transshipment Loaded	04/11/2013	BUXTAURUS	IZ343A
		COEGA, EC, ZA	Transshipment Discharged	31/10/2013	FEDERAL	FI340R
		SANTOS, SP, BR	Loaded	18/10/2013	FEDERAL	FI340R
		SANTOS, SP, BR	Gate In Full	15/10/2013		

Bai du 百度
新闻 网页 贴吧 知道 音乐 图片 视频 地图 文库 更多»
MSC
百度一下
MSC - Mediterranean Shipping Company S.A
MSC is a privately-owned container shipping line, founded in 1970, one of th leading global c arriers of the world.
www.mscgva.ch/ 2013-9-13 - 百度快照
msc是什么意思_百度知道
3个回答 - 提问时间: 2010年10月10日

MSC Offices
Website Search
Print this page
Send this page
MSC Worldwide Offices
Tracking
FAQ
MSC TRACKING & TRACING
Search by: Container / Bill Of Lading
ENTER A CONTAINER, B/L OR
SEARCH
FAQ
HELP
MSC Tracking system results are for reference only, see Disclamer. The latest movement of the container may not be up-to-date. Please contact your local agent for the latest information. Thank you.
© 2014 MSC Mediterranean Shipping Company S.A., Geneva, Switzerland

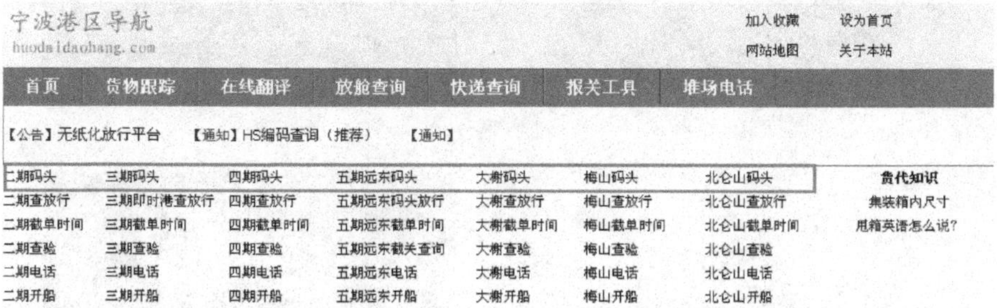
宁波港区导航
加入收藏
设为首页
网站地图
关于本站
首页 货物跟踪 在线翻译 放舱查询 快递查询 报关工具 堆场电话
【公告】无纸化放行平台 【通知】HS编码查询（推荐） 【通知】
二期码头 三期码头 四期码头 五期远东码头 大榭码头 梅山码头 北仑山码头
货代知识
二期查放行 三期即时港查放行 四期查放行 五期远东码头放行 大榭查放行 梅山查放行 北仑山查放行
集装箱内尺寸
二期截单时间 三期截单时间 四期截单时间 五期远东截单时间 大榭截单时间 梅山截单时间 北仑山截单时间
用箱英语怎么说?
二期查验 三期查验 四期查验 五期远东截关查询 大榭查验 梅山查验 北仑山查验
二期电话 三期电话 四期电话 五期远东电话 大榭电话 梅山电话 北仑山电话
二期开船 三期开船 四期开船 五期远东开船 大榭开船 梅山开船 北仑山开船

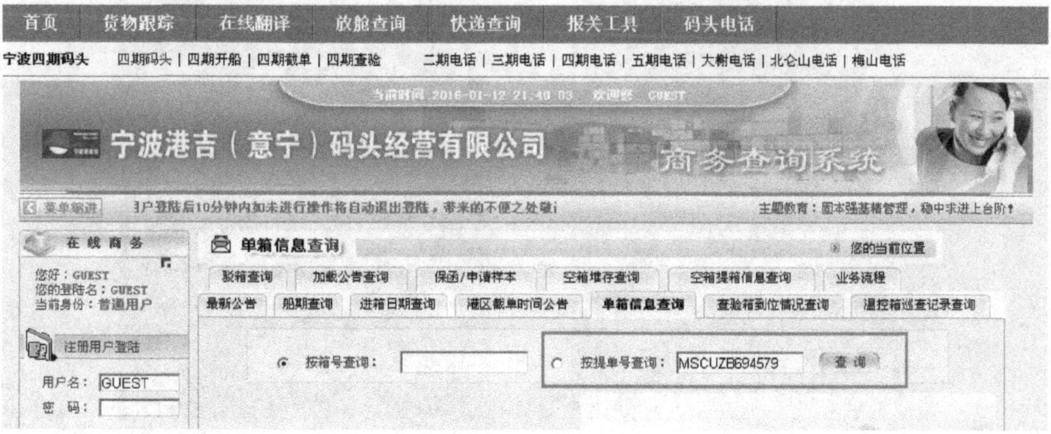
首页 货物跟踪 在线翻译 放舱查询 快递查询 报关工具 码头电话
宁波四期码头
四期码头 | 四期开船 | 四期截单 | 四期查验
二期电话 | 三期电话 | 四期电话 | 五期电话 | 大榭电话 | 北仑山电话 | 梅山电话
宁波港吉（意宁）码头经营有限公司
商务查询系统
菜单隐进
主题教育：固本强基精管理，稳中求进上台阶！
在线商务
您好：GUEST
您的登陆名：GUEST
当前身份：普通用户
注册用户登陆
用户名：GUEST
密 码：
单箱信息查询
您的当前位置
驳箱查询 加载公告查询 保函/申请样本 空箱堆存查询 空箱提箱信息查询 业务流程
最新公告 船期查询 进箱日期查询 港区截单时间公告 单箱信息查询 查验箱到位情况查询 温控箱巡查记录查询
按箱号查询：
按提单号查询：MSCUZB694579
查 询

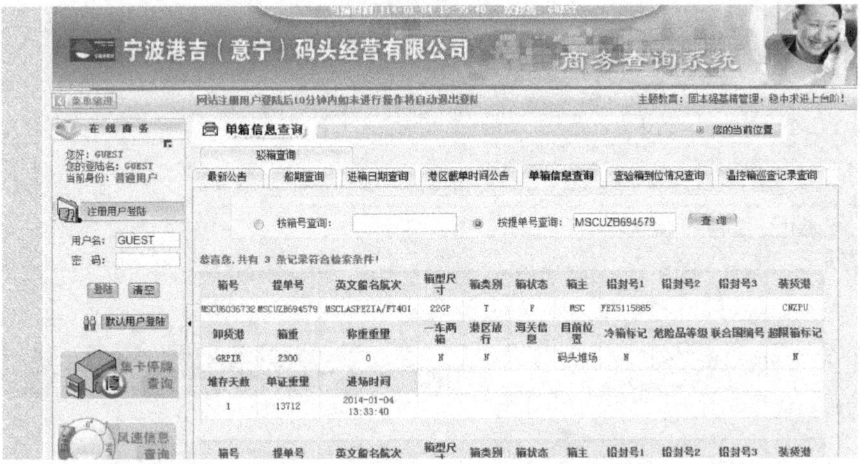
宁波港吉（意宁）码头经营有限公司
商务查询系统
网站注册用户登陆后10分钟内如未进行操作将自动退出登陆
主题教育：固本强基精管理，稳中求进上台阶！
在线商务
您好：GUEST
您的登陆名：GUEST
当前身份：普通用户
注册用户登陆
用户名：GUEST
密 码：
登陆 清空
默认用户登陆
集卡停牌查询
风速信息查询
单箱信息查询
您的当前位置
验箱查询
最新公告 船期查询 进箱日期查询 港区截单时间公告 单箱信息查询 查验箱到位情况查询 温控箱巡查记录查询
按箱号查询：
按提单号查询：MSCUZB694579
查询
恭喜您，共有 3 条记录符合检索条件！
箱号 提单号 英文船名航次 箱型尺寸 箱类别 箱状态 箱主 铅封号1 铅封号2 铅封号3 装货港
MSCU6036732 MSCUZB694579 MSCLASPEZIA/FT401 22GP T F MSC FEX5115865 CNZPU
卸货港 箱重 称重重量 一车两箱 港区放行 海关信息 目前位置 冷箱标记 危险品等级 联合国编号 超限箱标记
GRPIR 2300 0 N N 码头堆场 N N
堆存天数 单证重量 进场时间
1 13712 2014-01-04 13:33:40
箱号 提单号 英文船名航次 箱型尺寸 箱类别 箱状态 箱主 铅封号1 铅封号2 铅封号3 装货港

货主

报关大厅

中华人民共和国
海关监管区

FOS PORT

宁波港

2. 下列哪些单证是进口报关时，有可能需要向海关提交的单证？

S/C NO.

SALES CONFIRMATION

DATE:

THE BUYERS:
ROSE FRANCE IMPORT AND EXPORT CO.,

24 SANT MART RUE PARIS

THE SELLERS:
AOWEISI MACHINERY DEVELOPME
#G116 EXHIBITION QUANZHOU CIT
PROVINCE CHINA

The undersign sellers and buyers have agreed to close the following transaction according to the terms and condition stipulate

COMMODITY & DESCRIPTION	QUANTITY	PRICE
		CIF HONGKONG
MACHINERY	5000PCS	USD 3.400
MORE OR LESS % ARE ALLOWED.		
		TOTAL NET:

SHIPMENT:
DESTINATION: HONGKONG **LOADPORT** SHANGHAI
PAYMENT: D/P
INSURANCE:
FOR FOB OR C&F TO BE EFFECTED BY THE BUYERS;FOR CIF OR CIP TO BE EFFECTED BY THE SELLEI
INVOICE VALUE COVERING ALL RISK AND WAR RISK AS PER C.I.C.

ARBITRATION:
ALL DISPUTES ARISING FROM THE EXECUTION OF, OR IN CONNECTION OF WITH THIS S/C SHALL BE SETTELI
FRIENDLY NEGOTIATION, THEN THE CASE SHALL BE SUBMITTED TO CHINA INTERNATIONAL ECONOMIC AND TR
COMMISSION IN ACCORDANCE WITH THE PROVISIONAL RULES AND PROCEDURE. THE ARBITRATION AWARI
BINDING UPON BOTH PARTY.

GENERAL TERMS:
1.REASONABLE TOLERANCE IN QUANLITY, WEIGHT, MEASUREMENT, DESIGN AND COLOR IS ALLOWED , FOR WH
BE FILED.
2.THE BUYER ARE TO ASSURE FULL RESPONSIBILITIES FOR ANY CONSEQUENCES ARISING FROM: (A) THE
PACKING,DESIGN OR PATTERN MADE TO ORDER; (B). LATE SUBMISSION OF SPECIFICTION OR DETA
THE EXECUTION OF THIS S/C; (C)LATE ESTABLISH L/C (D).LATE AMENDMENT TO THE L/C IN CONSISTENT WITH T
THIS SALES CONFIRMATION.
3.THE SELLERS ARE NOT RESPONSIBLE FOR LATE OR NON-DELIVERY IN THE EVENT OF FORCE MAJEURE OR
BEYOND THE SELLERS' CONTROL.
4.CLAIM CONCERNING QUANLITY DESCREPANCY SHOULD BE FILED BY THE BUYERS WITH 30 DAYS AFTI
THE GOODS AT THE DESTINATION.

JG02* 0000000000686643222*

数据中心统一编号：000000000686643222

中华人民共和国海关出口货物报关单

预录入编号：219872166　申报现场：义乌海关(2921)　海关编号：292120090219872166

出口口岸 (3104) 北仑海关	备案号	出口日期	申报日期 20091125
经营单位 (3603960374) 萍乡市茂宇贸易有限公司	运输方式 水路运输	运输工具名称 @0924213104660284	提运单号
发货单位 (3603960374) 萍乡市茂宇贸易有限公司	贸易方式 (0139) 旅游购物商品	征免性质 (101) 一般征税	结汇方式 电汇
许可证号	运抵国(地区) (246) 苏丹	指运港 (1761) 苏丹港	境内货源地 (33189) 义乌
批准文号	成交方式 FOB	运费	保费 / 杂费
合同协议号	件数 411	包装种类 纸箱	毛重(公斤) 14000 / 净重(公斤) 13178
集装箱号 TCLU8239368 * 1(2)	随附单据		生产厂家

标记唛码及备注
备注：
随附单证号：

项号	商品编号	商品名称、规格型号	数量及单位	最终目的国(地区)	单价	总价	币制	征免
1	42021290.00	化纤拉杆箱	2501千克 1250个 2501千克	苏丹 (246)	2.0300	5077.03	(502) 美元	照章征税
2	42021290.00	化纤背包	2212千克 7370个 2212千克	苏丹 (246)	1.8700	4136.44	(502) 美元	照章征税
3	42021290.00	塑料手提箱	3719千克 2480个 3719千克	苏丹 (246)	2.0000	7438.00	(502) 美元	照章征税
4	42021290.00	化纤电脑包	4746千克 13560个 4746千克	苏丹 (246)	1.8200	[illegible]	(502) 美元	照章征税

税费征收情况

录入员 8300000123935　录入单位	兹声明以上申报无讹并承担法律责任	海关审单批注及放行日期(签章)
报关员 29002475 朱晓	义乌市捷达报关代理有限公司 (义乌海关) 报关专用章	审单　审价
单位地址	申报单位(签章)	征税　统计
邮编　电话	填制日期	查验　放行

宁波外运

Shipper（发货人）
SHENZHEN LONGFUJIA TRADE CO.,LTD.
28 DONG 1-201,XIAFU XIAOQU,YIWUZHEJIANG CHINA
TEL:86-579-8545-3003 FAX:86-579-8545-3004

D/R No.（编号）
CVAWL119049

MYNBC11050531

Consignee（收货人）
ALMACEN LOURDES S.A.
19 CALLE 3-66 ZONA 1 GUATEMAL CITY

装　货　单
场站收据副本

第五联

Notify Party（通知人）
SAME AS CNEE

Received by the Carrier the Total number of containers or other packages or units stated below to be transported subject to the terms and conditions of the Carrier's regular form of Bill of Lading(for Combined Transport or Port to Port Shipment)which shall be deemed to be incorporated herein

Date（日期）

Pre-carriage by（前程运输）　Place of Receipt（收货地点）

Ocean vessel（船名）Voy.No.（航次）　Port of Loading（装货港）
CSAV LICANTEN　V.1119E　NINGBO

场站章

Port of Discharge（卸货港）　Place of Delivery（交货地点）　Final Destination for the Merchant's Reference（目的地）
GTPRQ　GUATEMALA CITY

Particulars Furnished by Merchants（托运人提供详细情况）

Container No.（集装箱号）	Seal No.（封志号）Marks & Nos.（标记与号码）	No.of containers or P'kgs.（箱数或件数）	Kind of Packages;Description of Goods（包装种类与货名）	Gross Weight 毛重（公斤）	Measurement 尺码（立方米）
N/M		542 CTNS	STONE PEARL BEAD TONGS METAL PART WIRE FISHING LINE WATCH OPP FREIGHT PREPAID 1X22G1	14,000.000KGS CY/CY	28.00
TOTAL NUMBER OF CONTAINERS OR PACKAGES(IN WORDS) 集装箱数或件数合计（大写）					

Container No.（箱号）	Seal No.（封志号）	Pkgs.（件数）	Container No.（箱号）	Seal No.（封志号）	Pkgs.（件数）
IPXU3167840/P1418118					

宁波外运国际集装箱货运有限公司
CNX(5)
港口费用结算--顾冈益

Received（实收）　By Terminal Clerk（场站员签字）

FREIGHT & CHARGES	Prepaid at（预付地点）	Payable at（到付地点）	Place of Issue（签发地点）AT NINGBO
	Total Prepaid（预付总额）	No.of Original B(s)/L（正本提单份数）THREE	BOOKING（订舱确认）APPROVED BY

Service Type on Receiving	Service Type on Delivery	Reefer Temperature Required（冷藏温度）
□-CY □-CFS □-DOOR	□-CY □-CFS □-DOOR	°F °C

TYPE OF GOODS（种类）	□ Ordinary（普通） □ Reefer（冷藏） □ Dangerous（危险品） □ Auto（裸装车辆）	危险品	Class: Property: IMDG Code Page: UN No.
	□ Liquid（液体） □ Live Animal（活动物） □ Bulk（散货） □ ______		

制单人：顾冈益

中华人民共和国海关进口货物报关单

预录入编号：　　　　　　　　　　　　　　　　　　　海关编号：

进口口岸	备案号 Z×××××××××××	进口日期	申报日期
经营单位(A) 浙江外贸公司 3301910018	运输方式(B) 2	运输工具名称	提运单号(C) 631-54653636

收货单位(D) 杭州宝华股份有限公司 3301931046	贸易方式(E) 合资合作设备	征免性质(F) 789	征税比例

许可证号	启运国(地区)(C) 香港	装货港(H) 香港	境内目的地

批准文号	成交方式(I) CPT	运算	保费(J)	杂费
合同协议号(K) IEO-026	件数(L) 1	包装种类(M) 纸箱	毛重(千克)(N) 155	净重(千克)

集装箱号(O)	随附单据	用途(P) 企业日用

标号唛码及备注

ATECHS
NANTONG
R/NO. 1-4. AL-ALL. 1-3
MADE IN TAIWAN

项号	商品编号	商品名称、规格型号	数量及单位(Q)	原产国(地区)(R)	单位	总价(S)	币制	征免(T)
		电子清纱器 YARN CLEAER PI 120	113 千克 1 个			7 500		免税

税费征收情况

录入员　　　　录入单位	兹声明以上申报无讹并承担法律责任	海关审单批注及放行日期(签章)
报关员		审单　　　　审价
单位地址	申报单位(签章)	征税　　　　统计
邮编　　　　电话	填制日期	查验　　　　放行

中华人民共和国出入境检验检疫

入境货物通关单

编号：120400110005474000

1. 收货人
天津大通和昌金属制品有限公司
天津静海子牙环保产业园 孙坚仁 15522465164

2. 发货人
奈斯伦金属贸易有限公司
NAESLUND METAL TRADING AS(A578042682)

3. 合同/提(运)单号
S10070 /860404189

4. 输出国家或地区
挪威

5. 标记及号码
N/M

6. 运输工具名称及号码
IDUNA -1042

7. 目的地
天津市静海县

8. 集装箱规格及数量
海运40尺普通3个

9. 货物名称及规格	10. H.S. 编码	11. 申报总值	12. 数/重量、包装数量及种类
废电线 *** (以下空白)	7404000010 *** (以下空白)	*161640美元 *** (以下空白)	*67350千克， *35天然木托 (以下空白)

13. 内容

上述货物办完海关手续后，请及时联系落实检验检疫事宜。未经检验检疫，不得销售、使用。对未经检验检疫而擅自销售或者使用的，检验检疫机构将按照法律法规规定予以处罚。

检验检疫专用章 (5)

签字：　　　日期：2010 年 07 月 29 日

14. 备注
上述货物经初步查验，未发现不符合环境保护要求的物质。

E 6735409　　② 货主须知　　印刷流水号：E6735409　　[2-1-1(2002.1.1)＊1]

中华人民共和国出入境检验检疫
出境货物通关单

编号：310050204528548000

1. 发货人 浙江正泰电器股份有限公司 ***			5. 标记及号码 ELMA WARSAW C / NO.：
2. 收货人 *** ***			
3. 合同 / 信用证号 GM0204060456 / ***		4. 输往国家或地区 波兰	
6. 运输工具名称及号码 船舶 ***		7. 发货日期 2004. 07. 02	8. 集装箱规格及数量 ***
9. 货物名称及规格 电容器 *** *** （以下空白）	10. H.S. 编码 85321000 *** *** （以下空白）	11. 申报总值 *7671.6 美元 *** *** （以下空白）	12. 数 / 重量、包装数量及种类 *360 个 *656. 5 千克， *53 纸箱 （以下空白）
13. 证明 上述货物业经检验检疫，请海关予以放行。 本通关单有效期至 二〇〇四 年 月 三十 日 签字： 日期：2004 年 07 月 02 日			
14. 备注			

4936290　　① 货物通关　　印刷流水号：D4936290　　[2-2(2000.1.1)]

代理报关委托书

编号：00168360511

我单位现 A （A 逐票、B 长期）委托贵公司代理 A 等通关事宜。（A、填单申报 B、辅助查验 C、垫缴税款 D、办理海关证明联 E、审批手册 F、核销手册 G、申办减免税手续 H、其他）详见《委托报关协议》。

我单位保证遵守《海关法》和国家有关法规，保证所提供的情况真实、完整、单货相符，无侵犯他人知识产权的行为。否则，愿承担相关法律责任。

本委托书有效期自签字之日起至 2013 年 12 月 31 日止。

委托方（盖章）：

法定代表人或其授权签署《代理报关委托书》的人（签字）

2013 年 5 月 20 日

委托报关协议

为明确委托报关具体事项和各自责任，双方经平等协商签定协议如下：

委托方	好不动	被委托方	华江
主要货物名称	化纤家居布	*报关单编码	No. 083006621
HS 编码	5903209029	收到单证日期	2013 年 5 月 20 日
货物总价		收到单证情况	合同□　发票□
进出口日期	2013 年 5 月 20 日		装箱清单□　提（运）单□
提单号			加工贸易手册□　许可证件□
贸易方式	0245		其他
原产地/货源地	116	报关收费	人民币：[illegible] 元
其他要求： 无		承诺说明： 无	
背面所列通用条款是本协议不可分割的一部分，对本协议的签署构成了对背面通用条款的同意。		背面所列通用条款是本协议不可分割的一部分，对本协议的签署构成了对背面通用条款的同意。	
委托方业务签章： 经办人签章： 联系电话：　2013 年 5 月 20 日		被委托方业务签章： 经办报关员签章： 联系电话：85561061　2013 年 5 月 20 日	

（白联：海关留存、黄联：被委托方留存、红联：委托方留存）　中国报关协会监制

CCBA

ORIGINAL

Issuer	天津家用纺织品进出口公司 TIANJIN HOMEWARE AND TEXTILES IMP. & EXP. CORP 289 SHAOXING ROAD, TIANJIN, CHINA 300074	
TIANJIN HOMEWARE AND TEXTILES IMPORT AND EXPORT COR. NO. 289 SHAOXING ROAD, TIANJIN, CHINA		
Buyer OASE FRITIDSARTIKLER APS VEJLEVEJ 40 7182 BREDSTEN DENMARK	发 票 INVOICE	
Transport details FROM XINGANG OF TIANJIN CHINA TO ROTTERDAM, HOLLAND BY STEAMER IN NOV 1995	No. C205183083	Date NOV 20, 1995
	S/C No. 95C-062	L/C No. IR-1974
	Terms of payment BY SIGHT L/C	

Marks and numbers	Number and kind of packages; description of goods	Quantity	Unit price	Amount
DWS	750CTNS = 750PCS		FOB XINGANG	
ROTTERDAM				
C/NO.1-750	BUNGALOW TENT VARIO 6	150 PCS	USD168.00	USD25200.00
	BUNGALOW TENT VARIO 5	150 PCS	USD158.00	USD23700.00
	BUNGALOW TENT VARIO 4	150 PCS	USD152.00	USD22800.00
	FAMILY TENT CYPERN	150 PCS	USD 97.00	USD14550.00
	FAMILY TENT KORFU	150 PCS	USD119.00	USD17850.00
		750 PCS		USD104100.00

ALL AS PER CONTRACT NO. 95C-062

TTL G.W. 36000KGS

TTL N.W. 34500KGS

天津家用纺织品进出口公司
TIANJIN HOMEWARE AND TEXTILES IMP. & EXP. CORP
刘彤
(LIU TONG)
Authorized Signature(s)

表 4－25

INVOICE

Consignee: ZHEJIANG FOREIGN TRADE CO., HANGZHOU, 311200 CHINA TEL: ×××××× FAX: ××××××	INVOICE NO.: 05024271 DATE: JUL. 20. 2005
	VESSEL: FLIGHT/CAO311
Notify Party HANGZHOU BAOHUA CORPORATION 25 BEIGAN, HANGZHOU, 311200 CHINA TEL: ×××××× FAX: ××××××	FROM: HONGKONG TO: HANGZHOU
	P/O NO.: IEO－026
	B/L NO.: M AWB: 631－54653636 H AWB: 03163768
	PAYMENT TERMS: T/T RECEIVED EN 60 DAYS

Marks & Num of pkgs	Description of Goods	Unit	Amount
N/M			CPT HANGZHOU
Total:	YARN CLEAER. taiwan origin	US $ 2 100/set	2 100. 00
Packed in Five Cartons	PI　120		
Only	1　SET		
	IBM Computer Singapore Origin		
	S50 8086-KCA	US $ 1 200/set	1 200. 00
	1 SET		
		Total	3 300. 00

BAOHUA COMPANY LIMITED HONGKONG

AOWEISI MACHINERY DEVELOPMENT CO., LTD

#G116 EXHIBITION QUANZHOU CITY FUJIAN PROVINCE
CHINA

MARKS:

INVOICE NO. yyy

PACKING LIST

DATE: JANUARY 10, 2003

S/C NO. 20020001

LOADPORT SHANGHAI　**VIA:**　**DESTINATION:** HONGKONG

PAYMENT: D/P　**L/C NO:**

	PACKAGES	DESCRIPTION & SPECIFICATION	QUANTITY	G.W. (KGS)	N.W. (KGS)	VOL (CBM)
	30CTNS	MACHINERY	5000PCS	840.00	780.00	0.641
TOTAL:	30CTNS		5000PCS	840.00KGS	780.00KGS	0.641CBM

PACKING LIST/WEIGHT MEMO

ORIGINAL

Exporter SUPERHOUSE LEATHERS LIMITED 150 FEET ROAD,JAJMAU, KANPUR,208 010(INDIA)	Invoice No. & Date 786/A-1007/05 dt 08-09-2005 Buyer's Order No. & Date CONTRACT NO.05HT-M-013 Other Reference(s) IEC Code : 0688006671
Consignee TO ORDER	Buyer (if other than consignee) TIANJIN HAN TONE INTERNATIONAL TRADE CO.,LTD. 1506 VANLONG BUILDING 78 SHIYIJING ROAD, TIANJIN CHINA
Notify TIANJIN HAN TONE INTERNATIONAL TRADE CO.,LTD. 1506 VANLONG BUILDING 78 SHIYIJING ROAD, TIANJIN CHINA	Country of Origin of Goods: INDIA Country of Final Destination: CHINA
Pre-Carriage by: Place of Receipt by Pre-carrier:	CIF TIANJIN PORT BY SEA FREIGHT PREPAID PAYMENT AT SIGHT UNDER D.C.NO. 020LC052300035 DT.050907 OF AGRICULTURAL BANK OF CHINA, THE TIANJIN (TIANJIN BRANCH)
Vessel/Flight No.: Port of Loading: MUMBAI/JNPT (INDIA)	
Port of Discharge: TIANJIN CHINA Place of Delivery: TIANJIN CHINA	

Marks & Nos./ Container No.	No. & Kind of Pkgs. Description of Goods	Quantity	Remarks
SUPER, TIANJIN PORT PRODUCT OF INDIA FINISHED LEATHER FOR EXPORT. 331-345, 347-380.	49 BALES	SQ.FT. ----------	
	FULL CHROME BUFFALO WAXY FINISHED UPPER LEATHER DIN S1		
	COLOUR BLACK 6670SQ.FT USD1.45/SQ.FT	6670.000	
	BROWN 15100SQ.FT USD1.45/SQ.FT	15100.000	
	PRICE TERM: CIF TIANJIN CHINA		
	TOTAL -	21770.000	

1. The Consignment of the goods shall be at the customer's risk.
2. Bank Charges in CHINA shall be born by the Cutomer.
3. The goods despatched under the invoice shall remain the property of the Company as long as the payment is not made to the Company.
4. All matters are subject to Kanpur(India) Jurisdiction only.

Signature & Date
Superhouse Leathers Ltd
Manager

进口集装箱货物提货单

船呼号:9HOT9　　世腾(中国)船务服务有限公司　　№ 0783404

船档号 762750

港区场站

收货人名称	东特（浙江）有限公司 徐 65757096	收货人开户 银行与帐号	

船名 GREEN ACE 兴亚雅加达	航次 0033N	起运港 JAKARTA, JAVA	目的港 SHANGHAI	船舶预计到港时 预靠：2011-12-
提单号 POBUJKT111200094	交付条款 CY/CY	卸货地点 预靠：外五期	进库场日期	第一程运输

标记与集装箱号	货名	集装箱数或件数	重量(KGS)	体积(M^3)
CUSTOMER PO NO: FSL-111027TTZ1 STXU2026362\STXP050007	SHIPPER'S LOAD, COUNT & SEAL 1 X 20' SAID TO CONTAIN: 10 BOXES OF: DRAWN COPPER WIRE (H) N.W.: 15,000.00 KGS AGENT: SINOTRANS MARINE SHIPPING 以下信息仅供参考：船舶实靠日期请查询 http://www.sinoagentsh.com	10 - BOXES 20 X 1	15383.00	0.0

船代公司重要提示: (1) 本提货单中有关船、货内容按照提单的相关显示填制; (2) 请当场核查本提货单内容错误之处，否则本公司不承担由此产生的责任和损失；(Error And Omission Excepted) (3) 本提货单仅为向承运人或承运人委托的雇佣人或替承运人保管货物订立合同的人提货的凭证，不得买卖转让；(Non-negotiable) (4) 在本提货单下，承运人代理人及雇佣人的任何行为，均应被视为代表承运人的行为，均应享受承运人享有的免责、责任限制和其他任何抗辩理由；(Himalaya Clause) (5) 货主不按时换单造成的损失，责任自负； (6) 本提货单中的中文译文仅供参考。 上海中外运船务代理有限公司 (盖章有效) 年　月　日	收货人章 1	海关章 2
	检验检疫章 3	4
注意事项: 1. 本提货单需盖有船代放货章和海关放行章后方始有效。凡属法定检验、检疫的进口商品，必须向检验检疫机构申报。 2. 提货人到码头公司办理提货手续时，应出示单位证明或经办人身份证明。提货人若非本提货单记名收货人时,还应当出示提货单记名收货人开具的证明，以表明其为有权提货的人。 3. 货物超过港存期，码头公司可以按《上海港口货物疏运管理条例》的有关规定处理。在规定期间无人提取的货物,按《海关法》和国家有关规定处理。	5	6

中华人民共和国上海海关第六监管区

上海华星国际集装箱货运有限公司

进口分拨提货单

11/20/11/128/012

No:

提货人:		靠泊港区: 洋山	预计靠港日期: 2011-12-21
船名: XIN FEI ZHOU	航次: 0057E	分拨提单号: ZIMUHAM1480951*07	起运港: HAMBURG

箱号: UESU4633155	唛头: DANBLOOM	库位: 111222014	进库日期:	出库日期:
货名:	件数: 3	包装: PLTS	重量 (KGS): 845	体积 (CBM): 3.6

注意事项:

1、提货前请办理海关、商检、卫检、动检手续。

2、根据海关规定，海运进出口货物必须在船舶报进境日十四天内向海关申报，三个月后作超期处理，货物也将作无主货处理。

3、本分拨单由收货单位加盖公章作为提货凭证，否则无效，提货前请联系仓库。

仓库明细:

上海市宝山区铁山路258号211室
周一至周五:
9:00--11:15，12:30--16:15
周六:
9:00--11:15，12:30--14:00
联系人: 顾筱蕾
T. 33793040，33790102，13621717222
F: 33793745

车号/电话/联系人:

华星分拨

提货单位章:	海关放行章:	检验检疫章:	提单专用章:

	友谊路	
铁	宝杨路	铁
★华星仓库		
山	水产路	力
路	泰和路	路
		A20外环线

出门证

XIN FEI ZHOU/0057E No:

船名航次:	ZIMUHAM1480951*07
提单号:	3PLTS/845
件数/重量:	DANBLOOM
唛头:	
报关单号:	UESU4633155
发货签章:	2011-12-21
出库日期:	
提货车牌号:	
提货人签章:	

出门证

XIN FEI ZHOU/0057E No:

船名航次:	ZIMUHAM1480951*07
提单号:	3PLTS/845
件数/重量:	DANBLOOM
唛头:	
报关单号:	UESU4633155
发货签章:	2011-12-21
出库日期:	
提货车牌号:	
提货人签章:	

AMERICAN PRESIDENT LINES, LTD.

BILL OF LADING

SHIPPER (Principal or Seller licensee and full address)

TIANJIN JIN-JING GLASS BULB CO. LTD
GONGLUKOU, YANGLIUQING, XIQING DISTRICT.
TIANJIN-CHINA

BOOKING NUMBER

B/L NUMBER: 023301174

EXPORT REFERENCES

CONSIGNEE (Name and Full Address/Non-negotiable Unless Consigned to Order.) (Unless provided otherwise, a consignment "To Order" means To Order of Shipper.)

TO ORDER OF BANQUE NATIONALE DE PARIS,
NEW DELHI, INDIA

FORWARDING AGENT (References, F.M.C. No.)

POINT AND COUNTRY OF ORIGIN OF GOODS

NOTIFY PARTY/INTERMEDIATE CONSIGNEE (Name and Full Address)

PRAKASH INDUSTRIES LTD 711-PADMA TOWER-I,
5-RAJENDRA PLACE NEW DELHI. 110 008.
AND BANQUE NATIONALE DE PARIS, NEW DELHI, INDIA

ALSO NOTIFY (Name and Full Address)/DOMESTIC ROUTING/EXPORT INSTRUCTIONS/PIER-TERMINAL/ONWARD ROUTING FROM POINT OF DESTINATION

INITIAL CARRIAGE (MODE)*	PLACE OF RECEIPT*
EXPORT CARRIER (Vessel, voyage, & flag)	**PORT OF LOADING**
EAGLE NOVA V.110	XINGANG, CHINA
PORT OF DISCHARGE	**PLACE OF DELIVERY***
BOMBAY	

PARTICULARS FURNISHED BY SHIPPER

MKS. & NOS./CONTAINER NOS.	NO. OF PKGS.	H M	DESCRIPTION OF PACKAGES AND GOODS	GROSS WEIGHT	MEASUREME
N/M	10920SETS		PARTS OF GLASS BULBS/SHELLS FOR B/W TV/CRT PANEL AND FUNNEL 14 INCHES.	45770.48KGS	105.056M
			BANQUE NATIONALE DE PARIS, NEW DELHI, INDIA CREDIT NO:IM/345/95 DATED 10 JANUARY, 1995		
			PUT IN 2x40' CONTAINER		
			FREIGHT PAYABLE AT DESTINATION		

美国总统轮船(中国)有限公司天津分公司
AMERICAN PRESIDENT LINES (CHINA) CO., LTD.
TIANJIN BRANCH

ON BOARD

TOTAL: TEN THOUSAND NINE HUNDRED AND TWENTY SETS ONLY.

ORIGINAL
09 MAR 1995

B/L TO BE RELEASED AT	OCEAN FREIGHT PAYABLE AT		
FREIGHT RATES CHARGES, WEIGHTS AND/OR MEASUREMENTS (SUBJECT TO CORRECTION)	PREPAID U.S. $	COLLECT U.S. $	Local Currency
APLU893712 0407764 5460 22885.2 52.528		CY/CY	
GSTU8405150 0407768 5460 22885.2 52.528		CY/CY	
FREIGHT COLLECT AT TARIFF RATE			

美国总统轮船(中国)有限公司天津分公司
AMERICAN PRESIDENT LINES (CHINA) CO., LTD.
TIANJIN BRANCH

Vessel	Voyage	Office	TOTAL PREPAID / TOTAL COLLECT

The undersigned Carrier hereby acknowledges sealed container or packages or other shipping contain the Goods described above in apparent order and condition unless other wise stated agrees, and the Consignee and every person instrument for value, if negotiable, or otherwise in the Goods is advised that the receipt, custody, delivery of the Goods are subject to all the terms set forth and incorporated by reference on the reverse hereof, whether written, stamped or printed.

A set of THREE originals of this bill hereby issued by the Carrier. Upon surrender to Carrier of any one negotiable bill of lading endorsed, all others shall stand void.

AMERICAN PRESIDENT LINE

By:
Authorized Representative

Date and Place issued: 09 MAR 1995 TIANJIN.

FCC	FORWARDER	SHIPPER	CONSIGNEE	LD. PORT	DIS. PORT	DEST.	NOTIFY	CSC	B/L NUMBER

*APPLICABLE ONLY WHEN USED AS MULTI MODAL BILL OF LADING.　　D-15 B/L 5/84 Reorder Stock No. 2

FORWARDER'S CARGO RECEIPT

Receipt No.: HSK0083377 (03)

Port and country of origin	Date of receipt of Cargo
TIANJIN TRM	30 SEP., 2005

THIS IS NOT A DOCUMENT OF TITLE

MAERSK LOGISTICS

Shipper
TIANJIN FORNIA INDUSTRY CO., LTD.
DABIZHUANG INDUSTRIAL AREA
DONGLI DISTRICT
TIANJIN, CHINA 300250

Consignee
HOME DEPOT U.S.A., INC.
2455 PACES FERRY ROAD
ATLANTA, GA 30339
U.S.A

Notify Party
MAERSK CUSTOMS SERVICES INC.,
2999 PACIFIC COMMERCE DR.,
RANCHO DOMINGUEZ, CA 90221

Received by Maersk Logistics(China) Co. Ltd. in apparent good order and condition from shipper, the package(s) listed below said to contain the goods hereinafter described. This receipt is not valid unless verified and signed by an authorized signatory of Maersk Logistics(China) Co.,Ltd.

This forwarder's cargo receipt is to be issued upon presentation of the corresponding dock receipt. Cargo as noted below, will be containerized and shipped under ocean Bill(s) of Lading to be issued and signed by the carrier.

D/R NO

EXPORT LICENSE NO. 482634287A

Vessel & Voyage	Sailing Date		
HYUNDAI EXPLORER 516E	03 OCT., 2005		
Place of Receipt	**Port of Loading**	**Port of Discharge**	**Place of Delivery**
TIANJIN TRM	TIANJIN TRM	Seattle	Lacey

Marks and Numbers	Number and Kind of Packages	Description of Goods	Gross Weight	Measurement
		Shipper's Load, Stow and Count:	Kgs:	Cbm:
		*** AS PER ATTACHMENT ***		

NON - NEGOTIABLE

COPY

TOTAL: 2X40'DRY/MOFU0444480/CAXU7295545 CONTAINERS - FREIGHT COLLECT

In accordance with instructions from the Buyer we have received following documents: 10 OCT., 2005

	ORIGINAL	COPY
1. COMMERCIAL INVOICE	1	2
2. INSPECTION REL NOTIC	0	1
3. PACKING LIST	1	2
4. STATEMENT	1	1

The above documents plus Bills of Lading will be dispatched to consignee or other designated parties.

ALL TRANSACTIONS ARE SUBJECT TO THE COMPANY'S STANDARD TRADING CONDITIONS (copies available on request from the company) AND WHICH, IN CERTAIN CASES EXCLUDE OR LIMIT THE COMPANY'S LIABILITY AND INCLUDE CERTAIN INDEMNITIES BENEFITING THE COMPANY. MAERSK LOGISTICS(CHINA) CO.,LTD IS THE ACTING AS AGENT.

IN WITNESS WHEREOF (THREE 3) FORWARDER'S CARGO RECEIPT(S) ALL OF THIS TENDER AND DATE HAVE BEEN SIGNED ONE OF WHICH BEING ACCOMPLISHED THE OTHERS TO STAND VOID.

FOR
Maersk Logistics(China) Co.,Ltd.

Authorized signature

DATE: 11 OCT., 2005

MAERSK LINE

COMBINED TRANSPORT BILL OF LADING

B/L No. ZRHA01466

Shipper/Exporter (complete name and address) DIXI WORKS 2 42 AVENVE DU TECHNICUM CH.2400 LE LOCLE,SWITZERLAND	Booking No. ZRHA01466 Export references
Consignee (complete name and address) TO THE ORDER OF	Forwarding agent - references Point and Country of Origin **Shipper memoranda not part of Bill of Lading**
Notify Party (complete name and address) CNTIC TIANJIN IMPORT AND EXPORT COMPANY ROOM1204 TIANJIN FRIENDSHIP HOTEL 94 NANJING RD. HEPING DISTRICT TIANJIN CHINA	Domestic routing/export instructions

*Precarriage by	*Place of Receipt ROTTERDAM	
Vessel LEXA MAERSK / Voy No. 9701	Port of Loading ROTTERDAM	Onward inland routing
Port of Discharge XINGANG,CHINA	*Place of Delivery XINGANG,CHINA	

CARRIER'S RECEIPT — **PARTICULARS FURNISHED BY SHIPPER - CARRIER NOT RESPONSIBLE**

Container No./Seal No. Marks and Numbers	No. of Containers or pkgs.	Kind of packages; description of goods	Gross Weight	Measurement
MAEU3318029 40/COTG 8'6" TCHHT ----- 89414 3145564	1	FREIGHT PREPAID CFS / CY 40'FLAT SAID TO CONTAIN 3 CASES HIGH PRECISION JIG BORER ONE SET (WITH TOOL MACHINE) DOC.CREDIT NUMBER: LC121719600?WB DATED 10.10.96 CY / CY	KGS 32670.0	

ORIGINAL

Freight & Charges	Rate	Unit	Prepaid	Collect

Declared Value Charges (see clause 6) for Declared Value of US $	Total Prepaid
Number of Original B(s)/L 1/3	Total Collect
Place of Issue ZURICH	Date DEC 22 96

Shipped in apparent good order and condition, unless otherwise stated herein, for transportation on board the ocean vessel mentioned herein or any substituted vessel or on board the feeder vessel or other means of transportation (rail or truck) if place of receipt is named in this Bill of Lading the goods or packages or containers said to contain goods, hereinafter called "the Goods", specified herein for carriage from the port of loading named herein or place of receipt if mentioned herein, on a voyage as described and agreed by this Bill of Lading and discharge at the port of discharge named herein or deliver at the place of delivery if mentioned herein, such carriage, discharge or delivery being always subject to the exceptions, limitations, conditions and liberties hereinafter agreed in like order and condition at the port of discharge or place of delivery if named as the case may be, for delivery unto the Consignee mentioned herein or to his or their assigns where the Carrier's responsibilities shall in all cases and in all circumstances whatsoever finally cease. It is further agreed that Containers may be stowed on deck without notice pursuant to Clause 16 on the reverse side of this Bill of Lading. IN WITNESS whereof the number of original Bills of Lading stated on this side have been signed one of which being accomplished the other(s) to be void.

*Applicable only when document used as a Combined Transport Bill of Lading

For Dampskibsselskabet af 1912, Aktieselskab and Aktieselskabet Dampskibsselskabet Svendborg as carrier

MAERSK AGENCY (SWITZERLAND) LTD.

As Agent(s) only

单证 5－3

合约编号 4501944763

买卖合同
SALES CONTRACT

日期
DATE：01－Apr－13

卖方：E. L. DUPONT DE NEMOURS AND COMPANY　买方：杜鹏特中国集团有限公司
SELLER：E. I. DUPONT DE NEMOURS AND COMPANY　BUYER：DUPONT CHINA HOLDING CO，LTD

买方同意按照下列条款和条件向卖方购买下文所列其所需的全部产品，卖方同意按照下列条款和条件向买方出售该等产品：

BUYER agrees to purchase all of its requirements for the Product listed below form SELLER，and SELLER agrees to sell to BUYER according to the following terms and conditions：

序号	产品名称	型号	产地	数量	单价	总额
Item	Product Description	Specification	C/O	Quantity	U/P	Amount
				[sm]	[USD/sm]	[USD]
1	印刷电路用粘结片	FR0100(250MM×100M) (9.843″×328.1′)	USA	150.174	7.610	1142.8202
2	刷电路用覆铜板	AP9222R(610MM ×914MM) (24″×36″)	USA	36.828	146.700	5402.670
			TOTAL			6,545.49

卖方课随时更改本合同所列的价格和交付条款，但必须在上述更改生效日期之前至少三十（30）日书面通知买方。买方如不愿意接受有关任何产品的条款的更改，可在上述更改生效日期之前书面通知卖方就该产品解除本合同，除非在该日之前卖方书面通知买方已撤销上述条款的更改。本合同就所有其他产品而应继续有效。

SELLER may change the price and delivery terms stated herein any time by written notice to BUYER at least thirty (30) days before the effective date of such change. If BUYER is unwilling to accept such change in terms with respect to any product，BUYER may cancel this contract insofar as it relates to such product but notifying SELLER in writing prior to the effective date of such change，unless prior to such date SELLER notifies BUYER in writing that such change in terms has been rescinded. The contract shall remain in effect with respect to all other products.

原产地和制造：COUNTRY OF ORIGIN AND MANUFACTURER：USA
保险 INSURANCE
包装 PACKING：　STANDARD
装运标志 SHIPPING MARKS：　AS USUAL
销售条款 TERMS OF SALES　CPT SHENZHEN Airport
支付条款 TERMS OF PAYMENT：　NET 60 DAYS FROM DATE OF INVOICE
装运时间 TIME OF SHIPMENT：　Apr. 20. 2013
装运方式 MODE OF SHIPMENT：　BY air
装运港 PORT OF SHIPMENT：　USA

三、集装箱拼箱货出口货代操作训练

1.将拼箱货出口操作的主要八个步骤排序

(　　)货代将货物信息、船舶离港及预计到达时间等信息告知其在卸货港的代理人，并寄送 B/L 正本、H B/L 复印件，以便代理人向班轮公司提货和向收货人交付货物。

(　　)货代将拼箱货拼装成整箱货(FCL)后，以整箱货向班轮公司办理货物运输手续。

(　　)整箱货装船后，班轮公司向货代签发班轮公司提单。

(　　)A、B、C 等货主将 H B/L 正本寄给各自的收货人 A′、B′、C′。

(　　)货代在货物装船后向 A、B、C 等货主签发自己的提单(H B/L)。

(　　)货代在卸货港的代理人凭 B/L 将货物从码头堆场(CY)运往自己的货运站(CFS)。

(　　)A′、B′、C′等货主凭 H B/L 去货运站(CFS)提取拼箱货。

(　　)A、B、C 等不同货主将不足一个集装箱的货物(LCL)交给从事拼箱业务的货代指定的货运站(CFS)。

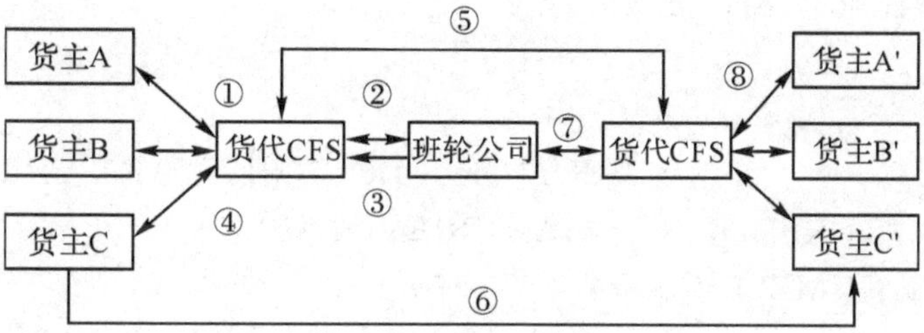

图 3-1　拼箱货货运代理业务流程图

2.拼箱业务大比武——判断正误

(1)整箱货的货物属于多个货主，拼箱货的货物属于一个货主。(　　)

(2)拼箱货货主与货代之间一般不用签订拼箱货物代运委托书，也无须约定运费和杂费。(　　)

(3)对货代而言，拼箱货利润率大于整箱货，所以货代经常将货主的整箱货拆成拼箱货。(　　)

(4)货主只需要将下列单证移交给拼箱货代，用于办理订舱、报关、报检、出运手续：报关委托书、发票、装箱单、合同副本。(　　)

(5)拼箱货代将不同货主的货拼成整箱，以自己的名义向班轮公司订舱。(　　)

(6)班轮公司只接收整箱货，不接收拼箱货。(　　)

(7)拼箱货代向船公司订妥舱位的重要标志之一是船公司或船代向拼箱货代发送“送货通知单”。(　　)

(8)船公司或船代在“送货通知单”中确定了该批货物的订舱单号、船名、航次及货物、单据交接的时间、地点。(　　)

(9)拼箱货交货地点是 CFS,整箱货交货地点是 CY。 (　)

(10)拼箱货只需要填一张报关单报关,不需要各个货主的货单独申报。 (　)

(11)拼箱货运站如果是海关监管仓库的,在报关单备注栏注明“自拼”;如果不是海关监管仓库的,在报关单备注栏注明“装柜”。 (　)

(12)同一批拼箱货物应由同一报关员集齐该批拼箱货所有报关单后,一次向海关现场交单。 (　)

(13)无纸通关也需要向海关递交“拼箱清单”。 (　)

(14)拼箱货海关查验后发现部分货物申报不符,则整批货物都不能出口。 (　)

(15)拼箱货物海关放行后,部分货物申请退关的,视同全部货物退关,需删除该批拼箱货全部报关单并办理重箱出卡口手续。 (　)

(16)拼箱货的正本提单(B/L)由货代交给托运人。 (　)

四、集装箱整箱货出口货代制单训练

根据所给的资料,依次制作海运出口代运委托书、订舱单、集装箱设备交接单、集装箱装箱单、舱单数据、预配舱单、出口报关单。

业务资料:

信用证

MT S700	ISSUE OF A DOCUMENTARY CREDIT
FORM OF DOC CREDIT	*40A: IRREVOCABLE
DOC CREDIT NUMBER	*20: T-057651
DATE OF ISSUE	*31C: 160616
EXPIRY	*31D: DATE 160731 PLACE AT THE NEGO BANK
APPLICANT	*50: ABC TRADING, P. O. BOX1236, 60078 OSAKA, JAPAN
BENEFICIARY	*59: CIXI XIHUA IMPORT AND EXPORT COMPANY LTD. NO. 107 ZHONGSHAN ROAD, CIXI, CHINA
AMOUNT	*32B: CURRENCY USD AMOUNT 1400000.00
AVAILABLE WITH/BY	*41D: ANY BANK BY NEGOTIATION
DRAFTS AT…	*42C: SIGHT
DRAWEE	*42A: DBS BANK ,SINGAPORE
PARTIAL SHIPMENTS	43P: NOT ALLOWED
TRANSSHIPMENT	43T: ALLOWED
LOADING IN CHARGE	44A: NINGBO,CHINA
FOR TRANSPORT TO …	44B : SINGAPORE, SINGAPORE
LATEST DATE OF SHIP	44C: 160718

DESCRIPT OF GOODS　45A：KNITTING DUSTCOAT，12000 PCS 55% COTTON 45% POLYESTER LADIES DUSTCOAT AT USD 55.60 PER PCS. 10000 PCS 60% COTTON 40% POLYESTER LADIES DUSTCOAT AT USD 65.60 PER PCS CIF SINGAPORE.

DOCUMENTS REQUIRED　46A＊ SIGNED COMMERCIAL INVOICE IN THREE FOLD

＊PACKING LIST IN THREE FOLD

＊FULL SET OF CLEAN ON BOARD OCEAN BILLS OF LADING MADE OUT TO ORDER OF SHIPPER AND ENDORSED IN BLANK MARKED FREIGHT PREPAID AND NOTIFY DP Corp. Tel：65-62235318

＊MARINE INSURANCE POLICY/CERTIFICATE ENDORSED IN BLANK FOR FULL CIF VALUE PLUS 15 PERCENT SHOWING CLAIMS IF ANY PAYABLE AT SHANGHAI IN THE CURRENCY OF THE DRAF COVERING ALL RISKS AND WAR RISK AS PER CIC

＊ CERTIFICATE OF ORIGIN ISSUED BY THE CHAMBER OF COMMERCE OR AQSIQ

ADDITIONAL CONDITION　47 ＊ DOCUMENTS MUST BE NEGOTIATED IN CONFORMITY WITH THE CREDIT TERMS.

＊A FEE OF USD 50 OR EQUIVALENT IS TO BE DEDUCTED FROM EACH DRAWING FOR THE ACCOUNT OF BENEFICIARY IF DOCUMENT ARE PRESENTED WITH DISCREPANCY(IES)

＊COMBINED TRANSPORT B/L ACCEPTABLE

＊ONE FULL SET OF NON-NEGOTIABLE SHIPPING DOCUMENTS MUST BE FORWARDED TO THE APPLICANT IMMEDIATELY AFTER SHIPMENT A BENEFICIARY'CERTIFICATE TO THIS EFECT IS REQUIRED.

其他资料：

PACKAGE：600CTNS LADIES DUSTCOAT，600CTNS　MAN DUSTCOAT，50×50×60cm/CTN。

INVOICE No：HYL-B008；S/C No：2016AG018；B/L No：CPS5501。

INSURANCE POLICY NO：ZC32/20051865；保险费率：5‰。

VESSEL&VOY.：MAD/V. 122W；SHIPPING MARK：ABC/ DUSTCOAT / SINGAPORE /No. 1—1100。

G. W：45. 00KGS PER CARTON；N. W：40. 00KGS PER CARTON；

货代：浙江外运公司宁波市分公司×××9567940859（该公司在宁波市江东区注册登记）（SINOTRANS ZHEJIANG Co.，NINGBO BRANCH）王宁；地址（Address）：16 HEXING ROAD，NINGBO，CHINA，电话（Telephone）：0574-86753769。

CARRIER：CSCL；预配中海船，3 截 5 开，FCL，CY—CY，DATE OF SHIPMENT：16th JUL. 2016。

集装箱号中的七位顺序号和铅封号，根据需要自己编写。

O/F(USD)：300/ 500/ 550 A. I. R。

Other Charges(RMB)：码头操作费（THC）450/750/750；报关费（CHA/CUS）：200/BILL；订舱费（BOOKING FEE）：200/BILL；拖车费（TRAILER FEE）：600/1200/1200，1000/2 * 20。

出口口岸：宁波北仑海关（3104）；海关预录入号：058701413；申报日期：2016-07-15。

男式风衣/女式风衣的海关编码：6101300019/ 6102300029；海关法定计量单位：件/千克。

出口通关单号：331200209058778000；原产地证书编号：140473628；报关员：陈晓 13789763421。

货主：嘉兴红叶服装公司×××9748759876（JIAXING HONGYE GARMENT CO. 公司注册地为嘉兴市南湖区）；Address：No. 101 ZHONGSHAN ROAD，JIAXING，CHINA；法人：王红；装箱日期：2016. 07. 14，9：30 AM。Tel：057387632168。

代理出口商：慈溪西华进出口公司×××8749940876（CIXI XIHUA IMPORT AND EXPORT COMPANY LTD.）。

法人：季志国；Address：No. 107 ZHONGSHAN ROAD，CIXI，CHINA。

申报单位：嘉兴中轮国际货运代理有限公司×××6849940354（JIAXING ZHONGLUN INTERNATIONAL FREIGHT AGENCY CORP. 公司注册地嘉兴市秀洲区）；Address：No. 650 ZHONGSHAN ROAD，JIAXING，CHINA。

嘉兴红叶公司委托嘉兴中轮国际货代公司在嘉兴海关报关；转关申报单预录入号：0929082225578560。

“×××”表示公司的社会统一信用代码的前八位，要根据规则确定。

码头堆场：北仑港四期（No. 231 WUSONG ROAD，BEILUN，CHINA）

集装箱设备交接单号：D-342；集卡车号：浙 B-10899；集装箱免费使用期限 10 天。

报关单代码查询地址：www. e-to-china. com. cn/tools_trade/customcode/

报关单国别及港口代码查询地址：http://www. douban. com/group/topic/11545652/

海运出口货物代运委托书

<table>
<tr><td colspan="2">委托书号 Entrusting Serial No</td><td colspan="2">提单号 B/L No.</td><td colspan="2">合同号 Contract No.</td></tr>
<tr><td colspan="4">发货人名称地址 Shipper (Full Name and Address)</td><td colspan="2" rowspan="3">委托日 Entrusting Date</td></tr>
<tr><td colspan="4">收货人名称地址 Consignee (Full Name and Address)</td></tr>
<tr><td colspan="4">通知方名称地址 Notify Party(Full Name and Address)</td></tr>
<tr><td>船名 Vessel Name</td><td colspan="2">装运港 Port of Loading</td><td colspan="3">目的港 Port of destination</td></tr>
<tr><td>唛头 Mark Number</td><td>件数与包装
No. and Kind of Packages</td><td colspan="2">货物说明
Description Of Goods</td><td>重量
Weight in KG</td><td>体积
Measurement in CBM</td></tr>
<tr><td>装船日期 Loading Date</td><td colspan="2">可否转船 If Transshipment</td><td colspan="3">可否分批 If Partial Shipment Allowed</td></tr>
<tr><td>效期 L/C Expiry Date</td><td colspan="2">提单份数 Copies of B/L</td><td colspan="2">正本 Original</td><td>副本 Copy</td></tr>
<tr><td colspan="6">运费及支付地点 (Freight Payable at)：</td></tr>
<tr><td colspan="6">备注：Remark：</td></tr>
</table>

委托人(Entrusting Party)签字 Signed to the：

地址(Address)：　　　　。电话(Telephone)：

代理人(Agent)签字 Signed to the：

地址(Address)：　　　　。电话(Telephone)：

订舱单(Booking Note)

<table>
<tr><td colspan="5">SHIPPER(发货人)</td><td colspan="3">CARRIER BOOKING NO.</td><td colspan="2">BILL OF LADING NO.</td></tr>
<tr><td colspan="5">CONSIGNEE(收货人)</td><td colspan="3">CONTRACT REFERENCE</td><td colspan="2">CUSTOMER SUBMISSION DATE</td></tr>
<tr><td colspan="5">NOTIFY PARTY(通知人)</td><td colspan="5">FORWARDING AGENT</td></tr>
<tr><td colspan="2">CARRIER</td><td colspan="3">OCEAN VESSEL(船名)
VOY NO.(航次)</td><td colspan="3">PLACE OF RECEIPT</td><td colspan="2">PORT OF LOADING(装货港)</td></tr>
<tr><td colspan="2">PORT OF DISCHARGE(卸货港)</td><td colspan="3">PLACE OF DELIVERY(交货地点)</td><td colspan="3">TYPE OF MOVE</td><td colspan="2">SHIPMENT TYPE</td></tr>
<tr><td colspan="2">MARK & NUMBER</td><td colspan="2">NO OF PKGS</td><td colspan="3">DESCRIPTION</td><td colspan="2">WEIGHT</td><td>VOLUME</td></tr>
<tr><td>CONTAINER</td><td>QTY</td><td colspan="2">PLACE OF ISSUE</td><td colspan="2">DATE OF ISSUE</td><td colspan="3">FREIGHT PRE-PAID AT</td><td>OCEAN FREIGHT</td></tr>
<tr><td colspan="3">TOTAL CONTAINER COUNT</td><td colspan="2">TOTAL PACKAGE COUNT</td><td colspan="3">TOTAL WEIGHT</td><td colspan="2">TOTAL VOLUME</td></tr>
</table>

集装箱设备交接单

EQUIPMENT INTERCHANGE RECEIPT

OUT 出场

No.

用箱人/运箱人(CONTAINER USER/HAULIER)	提箱地点(PLACE OF DELIVERY)

发往地点(DELIVERED TO)	返回/收箱地点(PLACE OF RETURN)

航名/航次 (VESSEL/VOYAGE NO.)	集装箱号 (CNTR NO.)	尺寸/类型 (SIZE/TYPE)	营运人(CNTR. OPTR)

提单号 (B/L NO.)	铅封号 (SEAL NO)	免费期限 (FREE TIME PERIOD)	运载工具牌号 (TRUCK,WAGON BARGE NO.)

出场目的/状态 (PPS OF —OUT/STATUS)	进场目的/状态 (PPS OF GATE —IN/STATUS)	出场日期(TIME—OUT)

场检查记录(INSPECTION AT THE TIME OF INTERCHANGE)

普通集装箱 (GP CONTAINER)	冷藏集装箱 (RF CONTAINER)	特种集装箱 (SP CONTAINER)	发电机 (GEN SET)
正常(SOUND) 异常(DEFECTIVE)	正常(SOUND) 异常(DEFECTIVE)	正常(SOUND) 异常(DEFECTIVE)	正常(SOUND) 异常(DEFECTIVE)

损坏记录及代号(DAMAGE AND CODE)

BR	D	M	DR	DL
破损 (BROKEN)	凹损 (DDENT)	丢失 (MISSING)	污箱 (DIRTY)	危标 (DGLABEL)

左侧 (LEFT SIDE)　右侧 (RIGHT SIDE)　前部 (FRONT)　集装箱内部 (CONTAINER INSIDE)　顶部 (TOP)　底部 (FLOOR BASE)　箱门 (REAR)

用箱通知(NOTICE)	如有异状,请注明程度及尺寸　(REMARK)

舱单数据

船名：　　航次：　　开航日期：

B/L NO.	中转港(提单)	目的港(提单)	箱子类型	箱号	封号	品名	总件数	包装	总重量	总尺码

TO：　　FM：　　FAX：

预配舱单

提单号：　　　　　　　　　　　　　　　　　　日期：

舱单类型	提单号	船名	航次	UN 代码	当前状态	电子口岸收到时间	海关回执时间	毛重	件数	体积	品名	唛头	箱号
预配舱单主要数据													
预配舱单次要数据													

CONTAINER LOAD PLAN
装箱单

(1) Terminal's Copy
码头联

Reefer Temperature Required. 冷藏温度 ℃ °F.			
Class 等级	IMDGPage 危规页码	UN NO. 联合国编号	Flashpoint 闪点

Ship's Name Voy No. 船名/航次	Port of loading 装港	Port of Discharge 卸港	Place of Delivery 交货地点	SHIPPER'S/PACKER'S DECLARATIONS: We hereby declare that the container has been thoroughly cleaned without any evidence of previous shipment prior to vanning and cargoes has been properly stuffed and secured.	
Container No. 箱号	Bill of Loading No. 提单号	Packages & Packing 件数与包装	Gross Weight 毛重	Measurements 尺码	Description of Goods 货名	Mark & Numbers 唛头

Seal No. 封号

Cont Size 箱型 20', 40', 45'	Cont Type 箱类 GP=普通箱 TK=油罐箱 RF=冷藏箱 PF=平板箱 OT=开顶箱 HC=高箱 FR=框架箱 HT=挂衣箱

ISO Code For Container Size/Type 箱型/箱类 ISO 标准代码

Packer's Name/Address 装箱人名称/地址

Packing Date 装箱日期：

Packed BY: 装箱人签名

Received By Dray-man 驾驶员签收及车号	Total Packages 总件数	Total Cargo Wt 总货量	Total Meas 总尺码	Remarks: 备注
Received By Terminals/Date Of Receipt 码头收箱签收和收箱日期		Cont Tare Wt 集装箱皮重 2270*KGS*	Cgo/Cont Total Wt 货/箱总重量	

中华人民共和国海关出口货物报关单

预录入编号：　　　　　　　　　　　　　　　　海关编号：

<table>
<tr><td colspan="3">收发货人</td><td colspan="2">出口口岸</td><td colspan="2">出口日期</td><td colspan="2">申报日期</td></tr>
<tr><td colspan="3">生产销售单位</td><td colspan="2">运输方式</td><td colspan="2">运输工具名称</td><td colspan="2">提运单号</td></tr>
<tr><td colspan="3">申报单位</td><td colspan="2">监管方式</td><td colspan="2">征免性质</td><td colspan="2">备案号</td></tr>
<tr><td>贸易国（地区）</td><td colspan="2">运抵国（地区）</td><td colspan="3">指运港</td><td colspan="3">境内货源地</td></tr>
<tr><td>许可证号</td><td>成交方式</td><td colspan="2">运费</td><td colspan="2">保费</td><td colspan="3">杂费</td></tr>
<tr><td>合同协议号</td><td colspan="2">件数</td><td colspan="2">包装种类</td><td colspan="3">毛重（公斤）</td><td>净重（公斤）</td></tr>
<tr><td>集装箱号</td><td colspan="8">随附单据</td></tr>
<tr><td colspan="9">标记唛码及备注</td></tr>
<tr><td colspan="9">项号　商品编号　商品名称、规格型号　数量及单位　最终目的国（地区）　单价　总价　币制　征免</td></tr>
<tr><td colspan="9"></td></tr>
<tr><td colspan="9">特殊关系确认：是　　　　价格影响确认：否　　　　支付特许权使用费确认：是</td></tr>
<tr><td colspan="2">录入员　　　　录入单位</td><td rowspan="2" colspan="2">兹声明对以上内容承担如实申报、依法纳税之法律责任</td><td rowspan="3" colspan="5">海关批注及签章</td></tr>
<tr><td colspan="2"></td></tr>
<tr><td colspan="4">报关人员　　　　　　　　申报单位（签章）</td></tr>
</table>

五、集装箱装箱业务训练

40000 箱货物从上海运往不来梅，60 * 60 * 40cm，G. W. 30KGS/CTN，运价表：
“BREMEN　1 截 3 开　船配 COSCO　O / F：1150 / 2000 / 2100 ”；
“BREMEN　2 截 6 开/ 5 截 3 开　船配 YML/ NYK　O/ F：USD100 / RT ”，
FCL—FCL，请用最经济的方法确定集装箱型号、数量、总运费。

六、集装箱数据识别训练

根据集装箱核对号计算规则，请指出下列集装箱号的记录是否正确：
1. TGHU097821，登记的核对号 6；2. CBHU065890，登记的核对号 6；
3. AMFU879106，登记的核对号 1；4. CCLU681433，登记的核对号 0；
5. AMIU499251，登记的核对号 0；6. YHCU914534，登记的核对号 1。

项目四　杂货班轮运输货运代理操作训练

一、杂货班轮运输出口货代操作训练

1. 在下列属于杂货运输的图片上打“√”

二、杂货班轮运输出口货代单据业务训练

1. 连连看

(1)B/N
(2)S/O
(3)M/R
(4)L/L
(5)M/F
(6)Stowage Plan
(7)Dangerous Cargo List
(8)Overlanded & Shorlanded Cargo List
(9)Boat Note,
(10)Broken & Damaged Cargo List,
(11)D/O

A 装货港使用的单证
B 卸货港使用的单证
C 出口报关时海关盖放行章
D 行业中习惯称为“关单”“下货纸”
E 大副签字及出提单的依据
F 进口货物时海关商检要盖放行章

2. 在下列属于杂货运输的单据上打“√”

嘉兴外运公司

SINOTRANS JIAXING CO. ,

托运单

BOOKING NOTE　　　　S/O No. COS5501

船名　S/S HAIOU　　航次　Voy. 122N　　目的港　For PUSAN ,KOREA

托运人

Shipper: GANSU PROVINCE METAL & MINERALS IMPORT & EXPORT CORP. ,188 DINGXI ROAD LANZHOU CHINA

收货人

Consignee: TO THE ORDER OF INDUSTRIAL BANK OF KOREA

通知

Notify: KOREA NONFERROUS METALS TRADING,567-49 YEONNAM DONG MAPO KU SEOUL KOREA,TEL333 5846,FAX335 584

标记及号码 Marks&Nos	件数 Quantity	货名 Description&Goods	毛重量(公斤) Gross Weight In Kilos	尺码(立方米) Measurement Cu. M.
N/M	370 BUNDLES	99. 95PCT MIN OF ZINC INGOT	361465KGS	
共计件数(大写) Total number of packages in writing	SAY THREE HUNDRED SEVENTY BUNDLES ONLY			

委托号		可否转船	ALLOWED
装船期	2011-10-31	可否分批	NOT ALLOWED
结汇期	2011-11-15	存货地点	上海市浦东新区衡安路1000号怡丰仓库
总尺码			

▽

Shipper （发货人）	D/R No.（编号）
Consignee （收货人）	场站收据 **DOCK RECEIPT** 第六联
Notify Party （通知人）	Received by the Carrier the Total number of containers or other packeges or units stated below to be transported subject to the temrs and conditions of the Carrier's regular form of Bill of Lading (for Combined Transport or port to Port Shipment) which shall be deemed to be incorporated herein. Date （日期）：
Pre carriage by （前程运输） Place of Receipt （收货地点）	
Ocean vessel （船名） Voy. No.（航次） Port of Loading （装货港）	场站章
Port of Discharge （卸货港） Place of Delivery （交货地点）	Final Destination for Merchant's References （目的地）

Particulars Furnished by Merchants

Container No.（集装箱号）	Seal No.（封志号） Marks & Nos.（标记与号码）	No. of containers or P'kgs.（箱数或件数）	Kind op Packages; Description of Goods （包装种类与货名）	Gross Weight 毛重(公斤)	Measurement 尺码(立方米)
TOTAL NUMBER OF CONTAINERS OR PACKAGES(IN WORDS) 集装箱数或件数合计(大写)					

Container No. （箱号）	Seal No. （封志号）	Pkgs. （件数）	Container No. （箱号）	Seal No. （封志号）	Pkgs. （件数）

Received （实收）	By Terminal clerk （场站员签字）

FREIGHT & CHARGES	Prepaid at （预付地点）	Payable at （到付地点）	Place of Issue(签发地点)
	Total Prepaid （预付总额）	No. of Original B(s)/L （正本提单份数）	BOOKING （订舱确认） APPROVED BY

Service Type on Receiving □-CY，□-CFS，□-DOOR		Service Type on Delivery □-CY，□-CFS，□-DOOR		Reeter Temperature Required.（冷藏温度）	°F °C
TYPE OF GOODS （种类）	□Ordinary，（普通） □Liquid，（液体）	□Reefer，（冷藏） □Live Animal，（活动物）	□Dangerous，（危险品） □Bulk （散货）	□Auto.（裸装车辆） □	危险品 Glass： Property： IMDG Code Page： UN NO.

中国外轮代理公司
CHINA OCEAN SHIPPING AGENCY
收货单
MATE'S RECEIPT

S/O No.

船名 Vessel Name .... 航次 Voy. .... 目的港 For ....

托运人 Shipper ....

受货人 Consignee ....

通知 Notify ....

下列完好状况之货物业已收妥无损

Received on board the following goods apparent in good order and condition:

标记及号码 Marks & Nos.	件数 Quantity	货名 Description of Goods	毛重(公斤) Gross Weight In Kilos	尺码(立方米) Measurement Cu. M.

共计件数(大写)
Total Number of Packages in Writing

日期 Date .... 时间 Time

装入何仓 Stowed ....

实收 Received ....

理货员签名 Tallied By .... 大副 Chief Officer ....

▽

Shipper （发货人）

D/R No.（编号）

Consignee （收货人）

装 货 单

场站收据副本

第四联

Notify Party （通知人）

Received by the Carrier the Total number of containers or other packages or units stated below to be transported subject to the terms and conditions of the Carrier's regular form of Bill of Lading (for Combined Transport or port to Port Shipment) which shall be deemed to be incorporated herein.

Date （日期）：

场站章

Pre carriage by （前程运输） Place of Receipt （收货地点）

Ocean vessel （船名） Voy. No.（航次） Port of Loading （装货港）

Port of Discharge （卸货港） Place of Delivery （交货地点） Final Destination for Merchant's References （目的地）

Particulars Furnished by Merchants

Container No.（集装箱号）	Seal No.（封志号） Marks & Nos.（标记与号码）	No. of containers or P'kgs.（箱数或件数）	Kind op Packages; Description of Goods （包装种类与货名）	Gross Weight 毛重（公斤）	Measurement 尺码（立方米）

TOTAL NUMBER OF CONTAINERS OR PACKAGES(IN WORDS)
集装箱数或件数合计（大写）

Container No. （箱号） Seal No. （封志号） Pkgs. （件数） Container No. （箱号） Seal No. （封志号） Pkgs. （件数）

Received （实收） By Terminal clerk （场站员签字）

FREIGHT & CHARGES	Prepaid at （预付地点）	Payable at （到付地点）	Place of Issue（签发地点）
	Total Prepaid （预付总额）	No. of Original B(s)/L（正本提单份数）	BOOKING （订舱确认） APPROVED BY

Service Type on Receiving □-CY，□-CFS，□-DOOR	Service Type on Delivery □-CY，□-CFS，□-DOOR	Reefer Temperature Required.（冷藏温度）	°F	°C
TYPE OF GOODS （种类）	□Ordinary，（普通） □Reefer，（冷藏） □Dangerous，（危险品） □Auto.（裸装车辆） □Liquid，（液体） □Live Animal，（活动物） □Bulk （散货） □______	危险品	Glass： Property： IMDG Code Page： UN NO.	

附录 B. 5 集装箱托运单

▽

Shipper （发货人）	D/R No.（编号）
Consignee （收货人）	集装箱托运单 货主留底　　第一联
Notify Party （通知人）	
Pre carriage by （前程运输）　Place of Receipt （收货地点）	
Ocean vessel （船名） Voy. No.（航次） Port of Loading （装货港）	
Port of Discharge （卸货港）　Poace of Delivery （交货地点）	Final Destination for Merchant's Reference （目的地）

Particulars Furnished by Merchants

Container No.（集装箱号）	Seal No.（封志号） Marks & Nos.（标记与号码）	No. of containers or P'kgs.（箱数或件数）	Kind of Packages; Description of Goods（包装种类与货名）	Gross Weight 毛重（公斤）	Measurement 尺码（立方米）
TOTAL NUMBER OF CONTAINERS OR PACKAGES(IN WORDS) 集装箱数或件数合计(大写)					

FREIGHT & CHARGES （运费与附加费）	Revenue Tons（运费吨）	Rate（运费率） Per （每）	Prepaid （运费预付）	Collect （到付）

Ex Rate:（兑换率）	Prepaid at （预付地点）	Payable at （到付地点）	Place of Issue（签发地点）
	Total Prepaid （预付总额）	No of Original B(s)/L（正本提单份数）	

Service Type on Receiving □-CY, □-CFS, □-DOOR	Service Type on Delivery □-CY, □-CFS, □-DOOR	Reeter Temperature Required.（冷藏温度） °F °C
TYPE OF GOODS（种类）	□Ordinary,（普通） □Reefer,（冷藏） □Dangerous,（危险品） □Auto.（裸装车辆） □Liquid,（液体） □Live Animal,（活动物） □Bulk（散货） □______	危险品 Glass: Property: IMDG Code Page: UN NO.

可否转船:	可否分批:	
装　期:	效　期:	
金额:		
制单日期:		

中国外轮代理公司

CHINA OCEAE SHIPPING AGENCY

装货单

SHIPPING ORDER **S/O No.** ....

船名
Vessel Name .... 船次
Voy. .... 目的港
For ....

托运人
Shipper ....

受货人
Consignee ....

通知
Notify ....

兹将下列完好状况之货物装船后希签署收货单
Receive on board the undermentioned goods apparent in good order and condition and sign the accompanying receipt for the same.

标记及号码 Marks &. Nos.	件　数 Quantity	货　名 Deseription Goods	毛重量(公斤) Gross Weight In Kilos	尺码(立方米) Mesurement Cu. M.
共计件数(大写) Toral Number of Packages in Writing				

日期　　　　时间
Date　　　　Time
装入何处____________
实收____________
理货员签名
Tallied By .... 经办员
Approved By ....

三、货物积载图识别训练

小王是某货代公司的操作员，经常有货主告诉他，国外客户要知道货装在货舱什么位置，以便在卸货港安全、快速地卸货，于是小王学会了看货物积载图，请说出下列货物的装货位置。

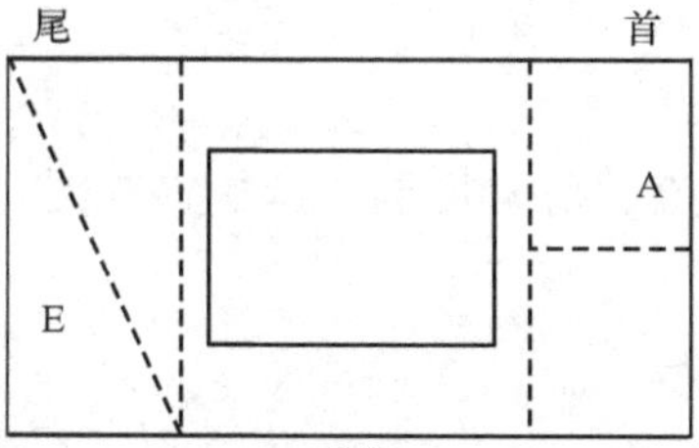

(a)

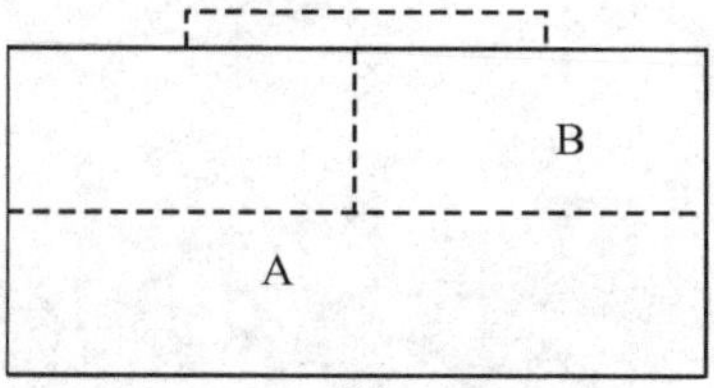

(b)

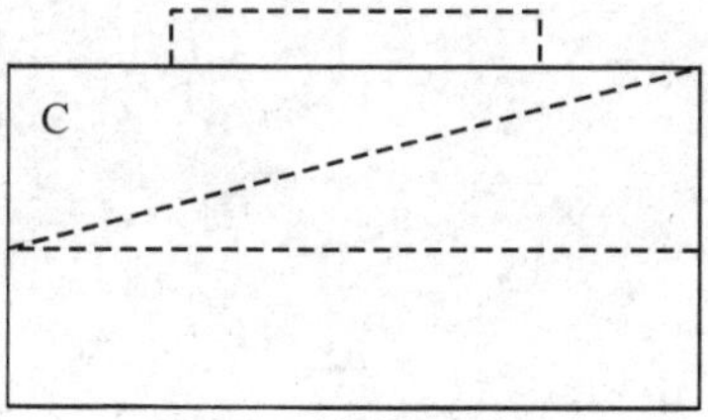

(c)

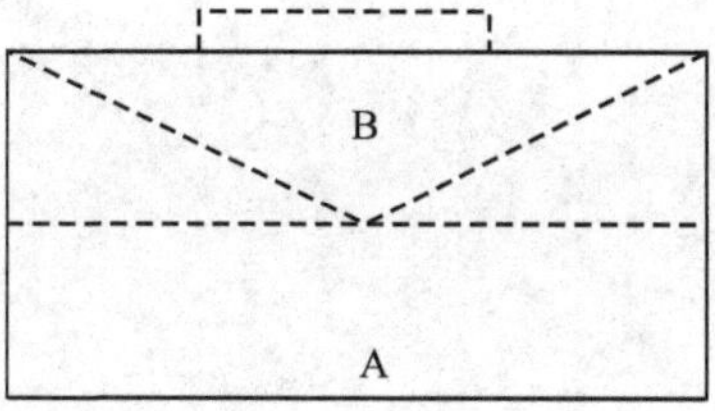

(d)

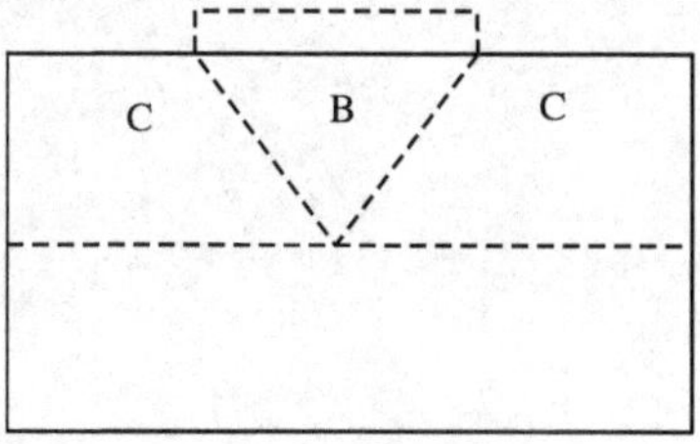

(e)

项目五　国际多式联运货运代理操作训练

一、国际多式联运货运航线训练

1.请在航海图中画出(1)上海运往纽约;(2)上海运往伦敦所有可能的运输路线图,并比较运输时间和运费。

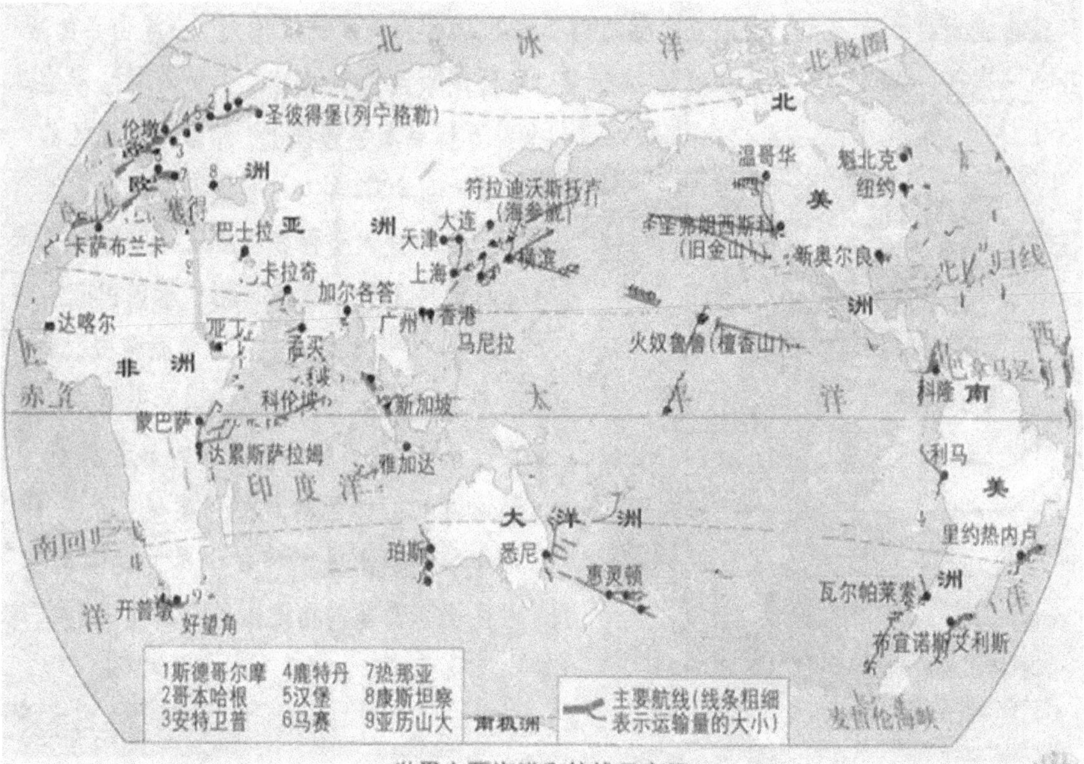

世界主要海港和航线示意图

2.请根据以下材料进行货物运输项目策划

义乌某进出口有限公司

地址:义乌市江东路22号

电话:0579-85192222 传真:0579-85192222

货物都在仓库里。

仓库地址:义乌市江东路255号

目的地:以色列阿什杜德港口

货物：库存鞋子，不仿牌。40 立方米。

其他要求：由货代做商检和产地证，买单出口。

3. 有一批安防产品从中国山西运至西班牙的塞维利亚，请您设计合适的运输方案。

(1)货物情况说明

品名：机器设备

数量：320 吨

合同价值：USD500 000

件数：160PAGS

(2)信用证要求

装货港：中国港口

卸货港：西班牙任何港口

最迟装运日：2011 年 11 月 20 日

贸易条款：CIF SEVULLE，SPAIN

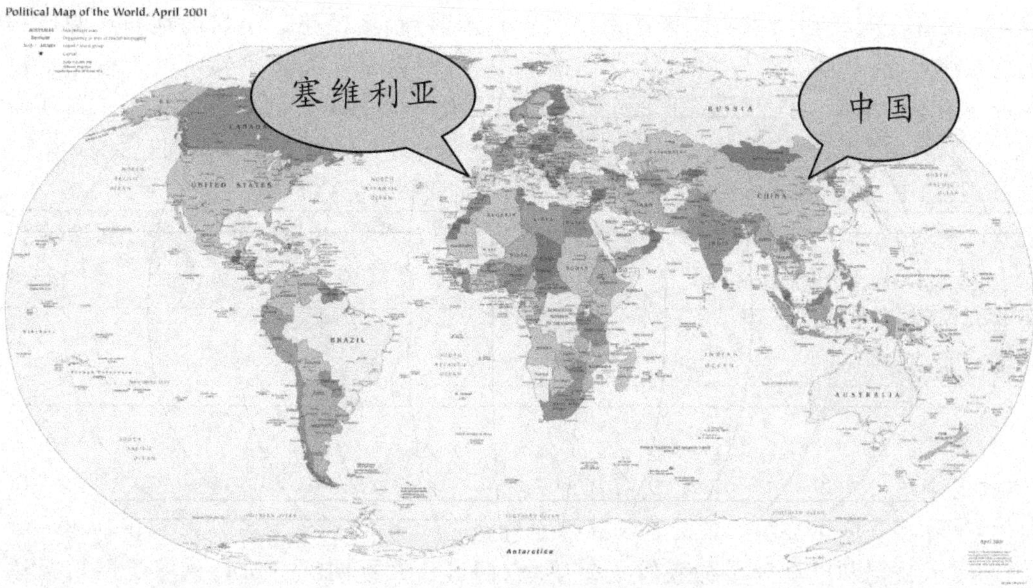

特殊要求：商品必须经过中国出入境检验检疫局的检验，要求至少 9 天的免堆期，不接受驳船提单。

二、国际多式联运货运代理操作训练

1. 某年 10 月 4 日，匈牙利雁荡山公司(位于布达佩斯)作为买方与温州进出口公司签订一份售货合同，购买一批童装，数量 500 箱，总价为 68180 美元。

次年 2 月 11 日，温州市进出口公司以托运人身份将该批童装装于一个 40 尺标箱内，交由香港富天船务有限公司承运。富天公司加封铅，箱号为 SCXU5028957，铅封号 11021，并签发了号码为 RS－95040 的一式三份正本全程多式联运提单，厦门外轮代理公司以代理身份盖了章。该份清洁记名提单载明:交货地厦门,装货港香港,目的港科波尔,卸货地布达佩斯,收货人为雁荡山公司。提单正面管辖权条款载明:提单项下的纠纷应适用香港法律并由香港法院裁决。

2月23日,货抵香港后,富天公司将其转至以星公司所属"海发"轮承运。以星公司在香港的代理新兴船务公司签发了号码166376的提单,CY-CY,并加号4488593的箱封。富天公司收执的提单上载明副本不得流转,并载明装货港香港,目的港科波尔,最后目的地布达佩斯;托运人为富天公司,收货人为富天公司签发的正本提单持有人及本份正本提单持有人,通知人为本案原告雁荡山公司,并注明该箱从厦门运至布达佩斯,中途经香港。3月22日,以星公司另一代理R.福切斯传真雁荡山公司,告知集装箱预计于3月28日抵斯洛文尼亚的科波尔港,用铁路运至目的地布达佩斯有两个堆场,让其择一。原告明确选择马哈特为集装箱终点站。

3月29日,以星公司将集装箱运抵科波尔,铁路运输公司出具运单,该运单载明箱号、铅封号以及集装箱货物与以星公司代理新兴行船务有限公司出具给富天公司的提单内容相同。4月12日,R.福切斯依照原告雁荡山公司指示,将箱经铁路运至目的地布达佩斯马哈特集装箱终点站。4月15日,雁荡山公司向R.福切斯提交富天公司签发的一份正本提单并在背面盖章。6月6日,雁荡山公司提货时打开箱子发现是空的。同日,匈牙利铁路公司、布达佩斯港口出具证明,集装箱铅封及门锁在4月15日箱抵布达佩斯时已被替换。

11月28日,雁荡山公司第一次传真R.福切斯索赔灭失的货物。次年1月2日,R.福切斯复函称,已接马哈特集装箱终点站通知货物被盗之事。在此之前,以星公司两家代理R.福切斯和香港新兴行船务公司来往函电中也明确货物被盗,并函复富天公司厦门办事处及托运人温州市进出口公司。

请回答以下问题:

(1)什么是多式联运提单?

(2)多式联运是什么样的运输方式?

(3)这个事件中参与的运输方式有几种?

(4)国际多式联运必须具备的基本条件是什么?

(5)富天公司和以星公司都签发了提单,它们有什么不同?一份货物签了两份提单合理吗?

(6)这批货物参与运输的有哪些当事人?

(7)雁荡山公司该向谁提出索赔?为什么?

项目六　国际航空货运代理操作训练

一、航空出口货运代理操作业务训练

(一)操作流程与操作方法训练

嘉兴永宏公司委托杭州速达货代公司将一批观赏鱼空运到美国,请为下列航空出口货运代理操作业务流程排序。

(　　)货主填写国际货物托运书。

(　　)货代业务员向货主揽货。

(　　)货代向航空公司发预订舱单。

(　　)货代将货物从货主手中接到货代的海关监管仓库或者航空公司位于机场的海关监管仓库。

(　　)货代将各个货主国际货物托运书上预报的数据汇总,计算出各条航线上货物总的件毛体,为各个货主选择航空公司和航班,并为每一票货配一个运单号。

(　　)货主将委托货代报关、报检、订舱的相关单据交给货代。

(　　)货物进入海关监管仓库后,货代操作员要拿着预配舱单与实物进行核对,确保单货相符。

(　　)货代填写订舱单,发给航空公司吨控部,对前面预定舱单的货物信息再次确认。

(　　)货主贴标记,货代贴标签。

(　　)货代代填航空运单。

(　　)由于该货物体积不足 2CBM,货代将货物运到机场货运站,由货运站装板装箱。

(　　)货代公司操作员编制出仓单。

(　　)货代报关员代理货主报关。

(　　)观赏鱼是法检商品,货代公司报检员代货主办理出境货物通关单。

(　　)货代公司与相关各方进行费用结算。

(　　)货代将"单、货"移交给航空公司或机场货运站。

(　　)货代拿着盖有海关放行章的航空运单去航空公司审价和货物适运性审核。

(　　)货物发运后到收货人收到货物前,货代向托运人提供相关信息服务。

(二)专项训练

1. 在下列图片中标出:标记、标签;识别标签、操作标签、特种货物标签;危险品标签、鲜活易腐标签、活动物标签。

SHIPPER
CONSIGNEE

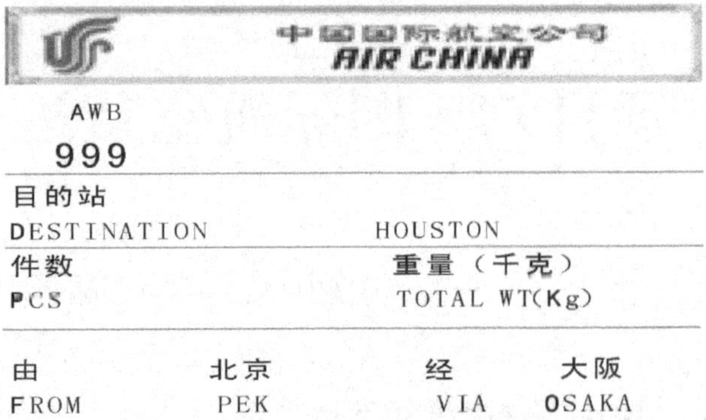
中国国际航空公司
AIR CHINA
AWB
999
目的站
DESTINATION HOUSTON
件数
PCS
重量（千克）
TOTAL WT(Kg)
由 FROM
北京 PEK
经 VIA
大阪 OSAKA

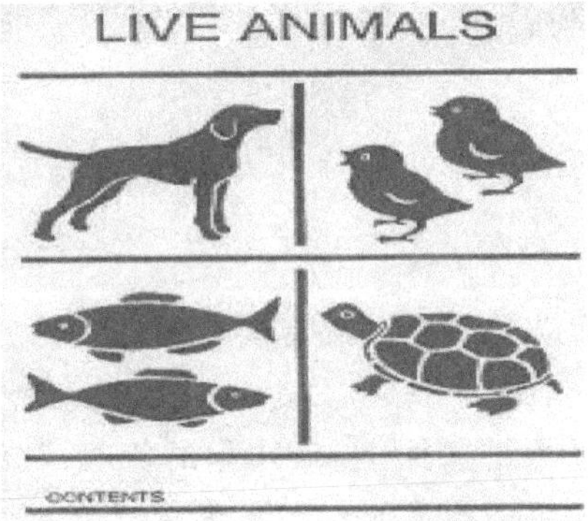
LIVE ANIMALS
CONTENTS

PERISHABLE

KEEP DRY
FRAGILE
UP

6

4

9

2. 填写预订舱单、订舱单、舱位确认书、出仓单、国际货物交接清单(出港)。

业务资料：嘉兴永宏公司(JIAXING YONGHONG TRADE CO.,LTD, No. 354 ZHONGSHAN ROAD JIAXING CHINA TEL: 057383976598, FAX: 057383769043)向美国 DAS 公司(DAS CO.,LTD BLG # 451 DAA NEW YORK USA TEL: 001-212-8776543, FAX: 001-212-8769084)出口一批观赏鱼苗(ORNAMENTAL FISH),90 条,2 个 48cm×33cm×33cm 保温箱(FOAM BOX),每箱毛重 10 千克。杭州萧山国际机场飞往美国肯尼迪国际机场,一程航班由东方航空公司承运(航班号/日期:MU9711/2016.5.10),二程航班由美国航空公司承运(航班号/日期:AA9543/2016.5.12)。航空运单号:781—4076 7854。航空集装箱号:AKE90564MU。委托杭州速达货代公司(HANGZHOU EXPRESS CO.,电话:057187563213,联系人:冯云,传真:057187563654)办理出口航空货运手续。

表 6-1　预订舱单

运单号	目的站	件数/重量	体积	品名	一程航班/日期	二程航班/日期

电话:×××　　联系人:×××　　传真:×××

表 6-2　订舱单

订舱单						
运单号	目的站	件数/重量	体积	品名	一程航班/日期	二程航班/日期

电话:×××　　联系人:×××　　传真:×××

表 6-3　舱位确认书

CARGO MANIFEST

FLIGHT No. /DATE：　　　　　　　　　　MWB No. ：

HWB No.	NAME OF SHIPPER	NAME OF CONSIGNEE	PKG	G. W	DCRP	DEST
TOTAL：						

表 6-4　出仓单

运单号	件数	重量	目的港	板箱号

表 6-5　国际货物交接清单(出港)

运单号	品名	件数	重量	始发站	目的站
合计票数：		总件数：	总重量：		
交货人：		第一承运人			
第二承运人：		第三承运人			
备注：					

货代公司名称：________________________

二、航空进口货运代理操作业务训练

(一)操作流程与操作方法训练

嘉兴永宏公司从美国空运进口一批电脑配件，委托杭州速达货代公司代办进口货运手续，请为下列航空进口货运代理操作业务流程排序。

(　　)货物到达目的站，目的站机场货运站将货物卸到其海关监管仓库。货代与航空公司在航空公司货运站进行进港货物和单证交接，并将货物运送到货代公司的海关监管仓库。

(　　)货代准备报检报关单证并向收货人发送到货通知书。

(　　)在货物从始发站发往目的站之前，由托运人货代将航空运单、航班信息、货物信息、收货人信息等内容通过传真或电子邮件发给收货人货代，以便收货人及时办理货物进口手续。

(　　)货代以每份航空运单为单位，对货物进行分类、入库登记、堆存，并将货物信息发送给海关。

(　　)货代向收货人收取货物进口过程中所发生的一切费用之后，将货物发给货主。

(　　)货代公司为收货人代理报关。

(　　)货代为收货人代理报检，取得入境货物通关单。

(二)专项训练

1. 货物进港后，航空公司向货代移交的单证可能有____________。

(1)国际货物交接清单(进港)；(2)国际货物交接清单(出港)；(3)航空运单；(4)合同；

(5)发票；(6)提单；(7)装箱单；(8)航空分运单；(9)产地证；(10)提货单；

(11)进口报关单；(12)商检证书；(13)索赔/返修协议。

2. 填写国际货物交接清单(进港)、到货通知书。

业务资料：嘉兴威达公司(JIAXING WEIDA TRADE CO.，LTD，No. 675 YUEXIU ROAD JIAXING CHINA TEL：057383976598，FAX：057383769043)从美国 SPT 公司(SPT CO.，LTD BLG＃451 BJI LOS ANGELES USA TEL：001-323-6793212，FAX：001-323-6769043)进口一批电脑配件(CPU MEMORY)，S/C NO. 2016GA001，200 条，1 个 44cm×33cm×33cm 纸箱，毛重 5 千克。从美国洛杉矶国际机场飞往中国上海浦东国际机场(浦东机场货运站联系人：施斌杰)，中国国际航空公司承运(CA9410/2016. 4. 10)，航空运单号：999—4076 5643。上海速达货代公司(SHANGHAI EXPRESS CO.，电话：021-87563213，联系人：高峰，传真：021-87563654)2016 年 4 月 11 日将货物从浦东机场货运站接到自己的仓库，并当日通知了收货人。

表 6-6　国际货物交接清单(进港)

日期：

序号	航空运单号	件数	重量	航班/日期	提货日期	备注

交货人：________________；接货人__________________________

表 6-7　到货通知书

收货人及联系方式：　　　　MWB No.：
HWB No.：

货代及联系方式：　　　　DATE：

货名	合同号	应到件数及重量	实到件数及重量	是否为特种货物

三、航空集中托运货运代理操作业务训练

(一)操作流程与操作方法训练

托运人甲、乙、丙将各自小批量的货物委托杭州速达货代公司办理航空集中托运，请为下列航空集中托运货运代理业务流程排序。

(　　)货代的国外代理向各个收货人发到货通知。

(　　)各个托运人将自己小批量的空运货物交给货代，办理集中托运。

(　　)货代向各个托运人签发 HWB。

(　　)货代将不同托运人、同一目的地的货物凑成一个整板或整箱后，以自己的名义向航空公司办理订舱。

(　　)货代将航空运单和航空分运单及其他报关单证寄给其在目的站的货运代理人，委托其代为接货、报关、发货。

(　　)各个收货人凭到货通知和身份证明去代理的仓库付费、提货。

(　　)货代为每一件货物制作、张贴识别标签。

(　　)货代将货物从机场货运站运到货代公司仓库,并代为报检报关。

(二)专项训练

1. 指出下列哪些航空运输货物不能办理集中托运,并说明理由

(1)向英国赠送大熊猫(　　),理由:________________。

(2)电视机(　　),理由:________________。

(3)服装(　　),理由:________________。

(4)首饰(　　),理由:________________。

(5)纯净水(　　),理由:________________。

(6)尸体骨灰(　　),理由:________________。

(7)外交信袋(　　),理由:________________。

(8)花洒(　　),理由:________________。

(9)油漆(　　),理由:________________。

2. 制作集中托运舱单、集中托运识别标签

业务资料:中国上海浦东国际机场运往日本大阪关西国际机场一批集中托运货物,中国东方航空公司承运,航空运单号:784—3421 7654,航班号为:MU650987,航班日期为 2016 年 2 月 11 日。其他资料如下:

HWB NO.	NUMBER OF PACKAGES	NATURE OF GOODS	GROSS WEIGHT(KG)	TOTAL PP
65478901	15	MINK COAT 水貂大衣	15	RMB854.65
65478902	25	SHEEPSKIN BOOTS 羊皮靴	20	RMB1110.00
65478903	7	BIKE PARTS 自行车零件	245	RMB7056.67
65478904	40	PARTS FOR SHEETS 鞋零部件	560	RMB10467.80

CONSOLIDATION MANIFEST

AIRLINE: MWB:
POINT OF LOADING: FLIGHT:
POINT OF UNLOADING: DATE:

HWB NO. ACCORDING	DEST	NUMBER OF PACKAGES	NATURE OF GOODS	GROSS(KG) WEIGHT	TOTAL CC

集中托运舱单

MASTER AIR WAYBILL NO.	
DESTINATION	
TOTAL NO. OF PIECES	WEIGHT THIS PIECE
TOTAL WEIGHT THIS CONSIGNMENT	
TRANSFER STATION(S)	
OTHER HANDLING INFORMATION	
HWB NO.	

集中托运识别标签 1

MASTER AIR WAYBILL NO.	
DESTINATION	
TOTAL NO. OF PIECES	WEIGHT THIS PIECE
TOTAL WEIGHT THIS CONSIGNMENT	
TRANSFER STATION(S)	
OTHER HANDLING INFORMATION	
HWB NO.	

集中托运识别标签 2

MASTER AIR WAYBILL NO.	
DESTINATION	
TOTAL NO. OF PIECES	WEIGHT THIS PIECE
TOTAL WEIGHT THIS CONSIGNMENT	
TRANSFER STATION(S)	
OTHER HANDLING INFORMATION	
HWB NO.	

集中托运识别标签 3

MASTER AIR WAYBILL NO.	
DESTINATION	
TOTAL NO. OF PIECES	WEIGHT THIS PIECE
TOTAL WEIGHT THIS CONSIGNMENT	
TRANSFER STATION(S)	
OTHER HANDLING INFORMATION	
HWB NO.	

集中托运识别标签 4

四、航空货运报价能力训练

1. Routing：HANGZHOU，CHINA(HGH) to OSAKA，JAPAN(OSA)

Commodity：garment

Gross weight：27.2kgs

Dimensions：82×48×35cm

计算该货物的航空运费填写运单。公布运价如下：

HANGZHOU	CN		HGH
Y. RENMINBI	CNY		KGS
OSAKA	JP	M	230.00
		N	37.51
		45	28.13

No. of Pieces RCP	Gross weight	Kg lb	Rate class / Commodity Item NO.	Chargeable weight	rate	total	Nature and Quantity (dimensions or volume)

2. Routing：SHENZHEN，CHINA(SZX) to LOS ANGELES，USA (LAX)

Commodity：TOY

Gross weight：39.6kgs

Dimensions：101×58×35cm

计算该货物的航空运费、填写运单。公布运价如下：

SHENZHEN	CN		SZX
Y. RENMINBI	CNY		KGS
LOS ANGELES	US	M	320
		N	50.22
		45	41.53
		300	37.52

No. of Pieces RCP	Gross weight	Kg lb	Rate class / Commodity Item NO.	Chargeable weight	rate	total	Nature and Quantity (dimensions or volume)

3. Routing：BEIJING，CHINA(BJS) to AMSTERDAM，HOLLAND (AMS)

Commodity：Instrument

Gross weight：35kgs

Dimensions：101×58×33cm

计算该货物的航空运费、填写运单。公布运价如下：

BEIJING	CN		BJS
Y. RENMINBI	CNY		KGS
AMSTERDAM	NL	M	320
		N	50.22
		45	41.53
		300	37.52

No. of Pieces RCP	Gross weight	Kg lb	Rate class / Commodity Item NO.	Chargeable weight	rate	total	Nature and Quantity (dimensions or volume)

4. Routing：BEIJING，CHINA(BJS) To TOKYO，JAPAN(TYO)

Commodity：Moon Cake

Gross Weight：5.8kgs

Dimensions：42cm×35cm×15cm

计算该票货物的航空运费。公布运价如下：

BEIJING	CN		BJS
Y. RENMINBI	CNY		KGS
TOKYO	JP	M	320.00
		N	37.51
		45	28.13

No. of Pieces RCP	Gross weight	Kg lb	Rate class / Commodity Item NO.	Chargeable weight	rate	total	Nature and Quantity (dimensions or volume)

5. Routing：GUANGZHOU，CHINA（CAN），To NAGOYO，JAPAN（NGO）

Commodity：Machinery

Gross Weight：2Pieces，18.59kgs Each

Dimensions：2Pieces ，70cm×47cm×35cm Each

计算该票货物的航空运费。公布运价如下

GUANGZHOU	CN		CAN
Y. RENMINBI	CNY		KGS
NAGOYO	JP	M	320.
		N	37.51
		45	28.13

<table>
<tr><td rowspan="2">No. of Pieces RCP</td><td rowspan="2">Gross weight</td><td rowspan="2">Kg lb</td><td colspan="2">Rate class</td><td rowspan="2">Chargeable weight</td><td rowspan="2">rate</td><td rowspan="2">total</td><td rowspan="2">Nature and Quantity (dimensions or volume)</td></tr>
<tr><td></td><td>Commodity Item NO.</td></tr>
<tr><td></td><td></td><td rowspan="2"></td><td rowspan="2"></td><td rowspan="2"></td><td rowspan="2"></td><td rowspan="2"></td><td></td><td rowspan="2"></td></tr>
<tr><td></td><td></td><td></td></tr>
</table>

6. Routing：SHANGHAI，CHINA（PVG）to OSAKA，JAPAN（OSA）

Commodity：FRESH PEACH

Gross weight：EACH 65.2kgs，TOTAL 6 PIECES

Dimensions：102×44×25cm×6

计算该货物的航空运费填运单。公布运价如下：

SHANGHAI	CN		PVG
Y. RENMINBI	CNY		KGS
OSAKA	JP	M	320
		N	37.51
		45	28.13
	0008	300	18.80
	0300	500	20.61
	1093	100	18.43
	2195	500	18.80

No. of Pieces RCP	Gross weight	Kg lb	Rate class / Commodity Item NO.	Chargeable weight	rate	total	Nature and Quantity (dimensions or volume)

7. Routing：TIANJIN，CHINA（TSN）to TOKYO，JAPAN（NRT）

Commodity：FRESH PEAR

Gross Weight：EACH 45.2kgs，TOTAL 6 PIECES

Dimensions：120×44×38cm×6

计算该货物的航空运费填运单。公布运价如下：

TIANJIN	CN		TSN
Y. RENMINBI	CNY		KGS
TOKYO	JP	M	320
		N	37.51
		45	28.13
	0008	300	18.80
	0300	500	20.61
	1093	100	18.43
	2195	500	18.80

No. of Pieces RCP	Gross weight	Kg lb	Rate class / Commodity Item NO.	Chargeable weight	rate	total	Nature and Quantity (dimensions or volume)

8. Routing：BEIJING，CHINA（BJS），To PORTLAND，USA.（PDX）

Commodity：Fibres

Gross Weight：22Pieces，Each 70.50kgs

Dimensions：22 Piece，82cm×68cm×52cm Each

计算该票货物的航空运费，公布运价如下：

BEIJING	CN		BJS
Y. RENMINBI	CNY		KGS
PORTLAND	US	M	420.00
		N	59.61
		45	45.68
		100	41.81
	2211	300	38.79
	2211	1500	25.49

No. of Pieces RCP	Gross weight	Kg lb	Rate class		Chargeable weight	rate	total	Nature and Quantity (dimensions or volume)
				Commodity Item NO.				

9. Routing：PEK—TYO

Commodity：Bamboo Basket

PC/WT：2 / 40.0kg

DIMS：39.6cm×40.20cm×50.4cm

(1)运价

M：230.00 CN

N：37.51

45：28.13，计算运费并填写运单。

No. of Pieces RCP	Gross weight	Kg lb	Rate class		Chargeable weight	rate	total	Nature and Quantity (dimensions or volume)
				Commodity Item NO.				

10. Routing：SHANGHAI，CHINA(PVG)，To ROME，ITALY(ROM)

Commodity：parrots

Gross Weight：3 kg

Dimensions：40cm×30cm×30cm

Payment：prepaid

Date/ type	note	item	min. weight	local curr.
SHANGHAI		CN		SHA
Y. RENMINBI		CNY	KG	
ROME		IT	M	125.00
			N	16.43
			45	12.08
			100	11.08
			300	9.17
			500	7.96

No. of Pieces RCP	Gross weight	Kg lb	Rate class	Commodity Item NO.	Chargeable weight	rate	total	Nature and Quantity (dimensions or volume)

11. Routing：NINBO，CHINA(NGB) to WASHINGTON，USA. (IAD)

Commodity：Jewelry

Gross weight：35.0kgs

Dimensions：48cm×40cm×38cm

公布运价如下：

NINBO	CN		NGB
Y. RENMINBI	CNY		KGS
WASHINGTON	US	M	630
		N	79.97
		45	60.16
		100	53.19
		300	45.80

No. of Pieces RCP	Gross weight	Kg lb	Rate class		Chargeable weight	rate	total	Nature and Quantity (dimensions or volume)
			S	Commodity Item NO.				
1	35.00	K		N200	35.00	159.94	5597.9	JEWELRY DIMS:48×40×38cm

12. Routing: SHANGHAI, CHINA (SHA), to LONDON, UNITED KINGDOM (LON)

Commodity: Journal

Gross Weight: 780.0kg

Dimensions: 20 pieces, 89×61×35cm　Each

SHANGHAI	CN		SHA
Y. RENMINBI	CNY		KGS
LONDON	GB	M	320
		N	63.19
		45	45.22
		100	41.22
		500	33.42
		1000	30.71

No. of Pieces RCP	Gross weight	Kg lb	Rate class		Chargeable weight	rate	total	Nature and Quantity (dimensions or volume)
				Commodity Item NO.				

13. Routing: SHANGHAI, CHINA (SHA), to NAGASAKI, JAPAN (NGS)

Commodity: Baggage

Gross Weight: Each 20.4kgs, total 6 pieces

Dimensions: Total 6 pieces, Each 79×55×35cm

计算航空运费。

SHANGHAI	CN	SHA	
Y. RENMINBI	CNY	KGS	
NAGASAKI	JP	M	230
		N	37.51
		45	28.13

No. of Pieces RCP	Gross weight	Kg lb	Rate class		Chargeable weight	rate	total	Nature and Quantity (dimensions or volume)
				Commodity Item NO.				

14. routing：NINGBO，CHINA（NGB）to FUKUOKA，JAPAN （FUK）

Commodity：Ashes

Gross weight：2.0kgs

Dimensions：48×40×38cm

公布运价如下：

NINBO	CN		NGB
Y. RENMINBI	CNY		KGS
WASHINGTON	US	M	630
		N	79.97
		45	60.16
		100	53.19
		300	45.80

No. of Pieces RCP	Gross weight	Kg lb	Rate class		Chargeable weight	rate	total	Nature and Quantity (dimensions or volume)
				Commodity Item NO.				

15. Routing: BEIJING, CHIAN(BJS) to SEOUL, KOREA(ICN)

Commodity: Tropical Fish

Gross weight: 80.00kgs

Dimensions: 48×33×33cm ×8

公布运价如下：

BEIJING	CN		BJS
Y. RENMINBI	CNY		KGS
SEOUL	KR	M	230
		N	37.51
		45	28.13
	0008	300	18.80
	0300	500	20.61
	1024	100	18.43
	2195	500	18.80

No. of Pieces RCP	Gross weight	Kg lb	Rate class	Chargeable weight	rate	total	Nature and Quantity (dimensions or volume)
			Commodity Item NO.				

16. Routing: BEIJING, CHINA(BJS) to OSAKA, JAPAN(OSK)

Commodity: Publication in Braille , Bike and Clothes

Gross weight: 30.00kgs , 42kgs ,120.00kgs

Dimensions: 70×47×35cm×2 ,100×60×42cm×1 and 50×40×45cm ×3

公布运价如下：

BEIJING	CN		BJS
Y. RENMINBI	CNY		KGS
OSAKA	JP	M	230.00
		N	37.51
		45	28.13
	0008	300	18.80
	0300	500	20.61
	1093	100	18.43
	2211	500	18.80

No. of Pieces RCP	Gross weight	Kg lb	Rate class		Chargeable weight	rate	total	Nature and Quantity (dimensions or volume)
				Commodity Item NO.				

五、航空运输单证制作能力训练

1. 下列航空运单中哪一联随飞机带走并交收货人？

Master Air Waybill 217-6295 6972

House Air Waybill SET: JFSAE0612134

Shippers Name and Address | Shippers account Number

LINHAI WOVLEN MILL,ZHEJIANG PROVINCE
CO.,LTD.
NO.96 LISHEN ROAD,LINHAI CITY,
ZHEJIANG PROVINCE CHINA

AIR WAYBILL

NON- NEGOTIABLE
(AIR CONSIGNMENT NOTE)
ISSUED BY

CITY CARGO (HK) LTD.

Consignee's Name and Address | Consignee's account Number

EM TRADING SWEDEN AB KORSGATAN 13
SK-411 16 GOTEBORG SWEDEN

Copies 1,2, and 3 of this Air Waybill are originals and have the same validity.

It is agreed that the goods described herein are accepted in apparent good order and condition (except as noted) for carriage SUBJECT TO THE CONDITIONS OF CONTRACT ON THE REVERSE HEREOF. THE SHIPPER'S ATTENTION IS DRAWN OF THE NOTICE CONCERNING CARRIERS LIMITATION OF LIABILTY. Shipper may increase such limitation of liability by declaring a higher value for carriage and paying a supplemental charge if required.

Issuing Carrier's Agent Name and City

JFS/SHA
TEL:021-62329995 FAX:021-62329950

Accounting Information

NOTIFY: SAME AS CONSIGNEE

FREIGHT COLLECT

Agent's IATA Code	Account No.

Airport of Departure (Addr. of first Carrier) and requested Routing

SHANGHAI, P.R.CHINA

to	By first Carrier	to	by	to	by	Currency	CHGS Code	WT/VAL PPD	WT/VAL COLL	Other PPD	Other COLL	Declared Value for Carriage	Declared Value for Customs
GOT	SK					USD	CC		CC	PP		N.V.D	N.C.V

Airport of Destination	Flight/Date	Flight/Date	Amount of Insurance	INSURANCE-If shipper requests insurance in accordance with conditions on reverse hereof, indicate amount to be insured in figures in box marked amount of insurance.
GOTHENBURG , SWEDEN	SK998	DEC15.2006	N.I.L.	

Handling Information

AGENT:TERMINUS SPEDITION & TRASNPORT AB
TEL:46 31640210

No. of Pieces RCP	Gross Weight	kg lb	Rate Class / Commodity Item No.	Chargeable Weight	Rate / Charge	Total	Nature and Quantity of Goods (incl. Dimensions or Volume)
60	2460	K		2460 KGS	AS AGREED		WAFFLEBLANKET YELLOW 100% POLYESTER

MARKS:

VOL: 13.169CBM

Prepaid	Weight Charge	Collect	Other Charges
		AS AGREED	Insurance Charge: / Cartage Charge: / Disbursement Fee:
	Valuation Charge	AS AGREED	
	Tax		
	Total other Charges Due Agent		
	Total other Charges Due Carrier		

Shipper certifies that the particulars on the face hereof are correct and that insofar as any part of the consignment contains restricted articles, such part is properly described by name and is in proper condition for carriage by air according to the International Air Transport Association's Restricted Articles Regulations.

CITY CARGO (HK) LTD. SHA OFC

Signature of Shipper or his Agent

Total Prepaid	Total Collect
	AS AGREED
Currency Conversion Rates	cc charges in Dest. Currency
For Carriers Use only at Destination	Charges at Destination

Total collect Charges: AS AGREED

DEC12.2006 SHANGHAI 唐莉珺

Executed on (Date) at (Place) Signature of Issuing Carrier or its Agent

CITY CARGO (H.K.) LIMITED 城市货运有限公司

988 PDX 94748931 | 988-94748931

Shipper's Name and Address
SWAYZE OPTICAL
3237 SW 87TH AVE
PORTLAND OR
97266

Shipper's Account Number: 7481845

Not Negotiable
ASIANA AIRLINES
Air Waybill
Issued by

Copies 1, 2 and 3 of this Air Waybill are originals and have the same validity.

It is agreed that the goods described herein are accepted in apparent good order and condition (except as noted) for carriage SUBJECT TO THE CONDITIONS OF CONTRACT ON THE REVERSE HEREOF. ALL GOODS MAY BE CARRIED BY ANY OTHER MEANS INCLUDING ROAD OR ANY OTHER CARRIER UNLESS SPECIFIC CONTRARY INSTRUCTIONS ARE GIVEN HEREON BY THE SHIPPER, AND SHIPPER AGREES THAT THE SHIPMENT MAY BE CARRIED VIA INTERMEDIATE STOPPING PLACES WHICH THE CARRIER DEEMS APPROPRIATE. THE SHIPPER'S ATTENTION IS DRAWN TO THE NOTICE CONCERNING CARRIER'S LIMITATION OF LIABILITY. Shipper may increase such limitation of liability by declaring a higher value for carriage and paying a supplemental charge if required.

Consignee's Name and Address
KEIICHI SAKAI
[redacted]
HIROSHIMA
JAPAN 739-0036

Consignee's Account Number

Issuing Carrier's Agent Name and City
DANZAS
PORTLAND

Accounting Information
*** SCA 201 ***

Agent's IATA Code: 01-1 5424/0194
Account No.

Airport of Departure (Addr. of First Carrier) and Requested Routing: PORTLAND

Reference Number | Optional Shipping Information

To	By First Carrier (Routing and Destination)	to	by	to	by	Currency	CHGS Code	WT/VAL PPD	WT/VAL COLL	Other PPD	Other COLL	Declared Value for Carriage	Declared Value for Customs
SEA	ASIANA AIRLINES	SEL	OZ	HIJ	OZ	USD		X		X		.00	3030.00

Airport of Destination: HIROSHIMA
Requested Flight/Date: RFS /06 271 /07
Amount of Insurance: 3432.00
INSURANCE - If carrier offers insurance, and such insurance is requested in accordance with the conditions thereof, indicate amount to be insured in figures in box marked "Amount of Insurance".

Handling Information
COMMERCIAL INVOICES ATTACHED. NOTIFY ON ARRIVAL.
Notify Upon Arrival
ETA 1240/09 3rd Flight 162 /09

THESE COMMODITIES, TECHNOLOGY OR SOFTWARE WERE EXPORTED FROM THE UNITED STATES IN ACCORDANCE WITH THE EXPORT ADMINISTRATION REGULATIONS. DIVERSION CONTRARY TO U.S. LAW PROHIBITED

No. of Pieces RCP	Gross Weight	kg lb	Rate Class / Commodity Item No.	Chargeable Weight	Rate / Charge	Total	Nature and Quantity of Goods (incl. Dimensions or Volume)
1	35.5	K	Q	45.0	4.54	204.30	TELESCOPE MIRROR S/N# 4246001
1	35.5	K				204.30	

** PLEASE MOVE AS BOOKED ***

OZ 162/09OCT.00

FAA IACSSP NUMBER: NM9311009
AES-134919031-PDX-AD-1715931

Prepaid	Weight Charge	Collect
204.30		
	Valuation Charge	
	Tax	
	Total Other Charges Due Agent	
4.50	Total Other Charges Due Carrier	
208.80	Total Prepaid / Total Collect	
	Currency Conversion Rates / CC Charges in Dest. Currency	
For Carriers Use only at Destination	Charges at Destination	Total Collect Charges

Other Charges
MY P 4.50

Shipper certifies that the particulars on the face hereof are correct and that **insofar as any part of the consignment contains dangerous goods, such part is properly described by name and is in proper condition for carriage by air according to the applicable Dangerous Goods Regulations.**

DANZAS Corporation
Signature of Shipper or his Agent

06-OCT-00 PORTLAND DANZAS Corp.
Executed on (date) at (place) Signature of Issuing Carrier or its Agent

988-94748931

IO-ABF70 (REV. 11/99)
ORIGINAL 2 (FOR CONSIGNEE)

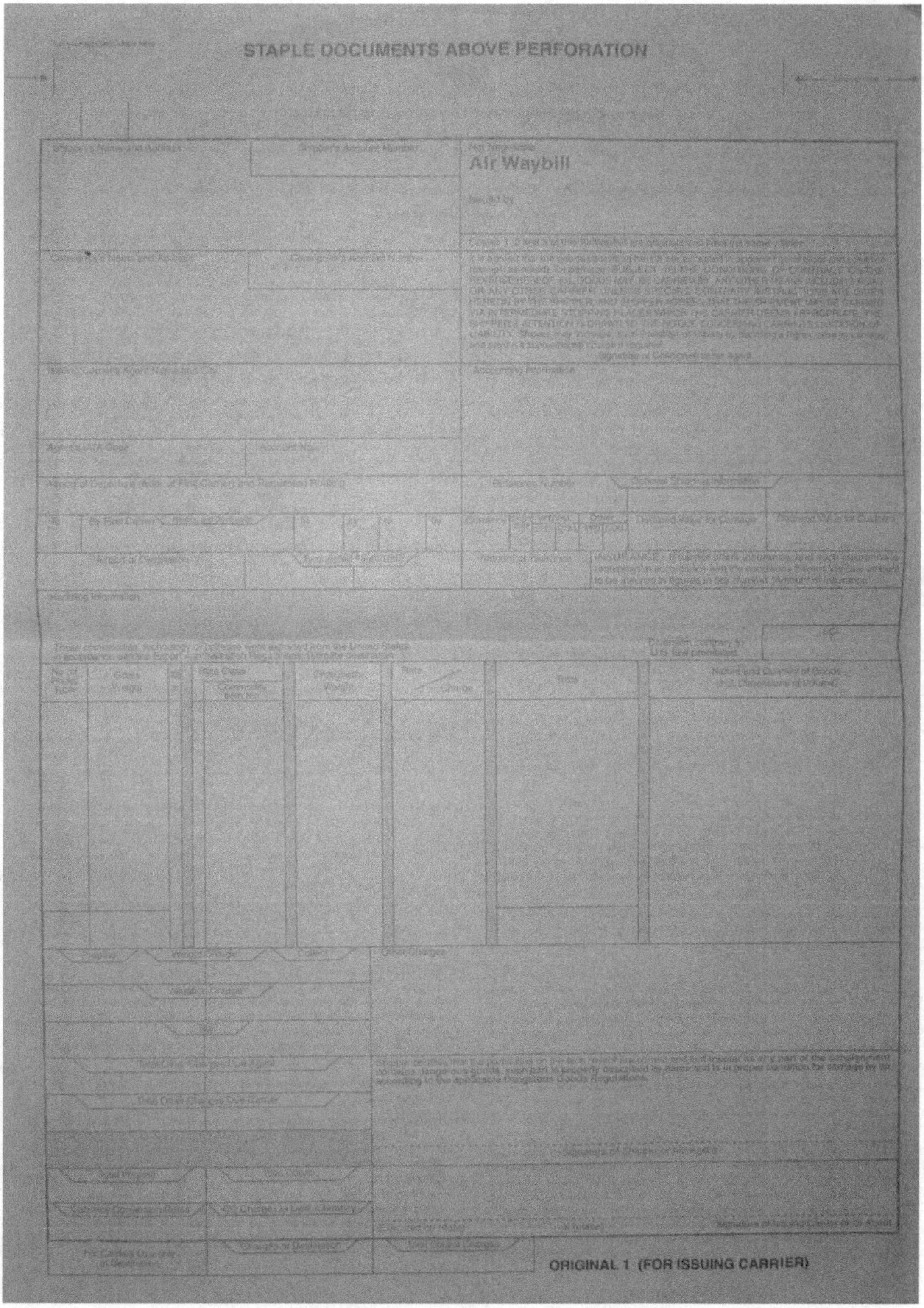
STAPLE DOCUMENTS ABOVE PERFORATION
Shipper's Name and Address
Shipper's Account Number
Not Negotiable
Air Waybill
Issued by
Copies 1, 2 and 3 of this Air Waybill are originals and have the same validity.
Consignee's Name and Address
Consignee's Account Number
Signature of Consignee or his Agent
Issuing Carrier's Agent Name and City
Accounting Information
Agent's IATA Code
Account No.
Airport of Departure (Addr. of First Carrier) and Requested Routing
Reference Number
Optional Shipping Information
By First Carrier
Routing and Destination
Currency
Declared Value for Carriage
Declared Value for Customs
Airport of Destination
Requested Flight/Date
Amount of Insurance
INSURANCE - If carrier offers insurance, and such insurance is requested in accordance with the conditions thereof, indicate amount to be insured in figures in box marked "Amount of Insurance".
Handling Information
SCI
No. of Pieces RCP
Gross Weight
Rate Class
Commodity Item No.
Chargeable Weight
Rate
Charge
Total
Nature and Quantity of Goods (incl. Dimensions or Volume)
Prepaid
Weight Charge
Collect
Other Charges
Valuation Charge
Tax
Total Other Charges Due Agent
Total Other Charges Due Carrier
Signature of Shipper or his Agent
Total Prepaid
Total Collect
Currency Conversion Rates
CC Charges in Dest. Currency
Executed on (date)
at (place)
Signature of Issuing Carrier or its Agent
For Carriers Use only at Destination
Charges at Destination
Total Collect Charges
ORIGINAL 1 (FOR ISSUING CARRIER)

2.航空运单填写训练

业务资料：Routing：HANGZHOU，CHINA(HGH) to BOSTON，USA.(BOS)。

Commodity：SAMPLE，Gross weight：15.00kgs，Dimensions：61×51×42cm×1

SHIPPER NAME AND ADDRESS：JIAXING INDUSTRY CORP.，JIAXING P. R. CHINA

TEL：86(573)82596666 FAX：86(573)82598888。法人：沈容。

CONSIGNEE'S NANE AND ADDRESS：USA SPORT IMPORTERS，BOSTON，U.S.A

TEL：00161735345679

AIRPORT OF DEPARTURE：HANGZHOU XIAOSHAN INTERNATIONAL AIRPORT(HGH)。

AIRPORT OF DESTINATION：BOSTON LOGAN INTERNATIONAL AIRPORT (BOS)

DOCUMENTS TO ACCOMPANY AIR WAYBILL：①3 COMMERCIAL INVOICE，②3 PACKING LIST，③2 INSPECTION CERTIFICATE，④1 ORIGIN CERTIFICATE。

FLIGHT/DAY：CA7125 / 30 JUL 2015，CHAEGES PREPAID，托运日期：20 JUL.，2015

托运人没有声明价值，承运人不代办保险，货物不能暴晒。

CARRIERS：AIR CHINA 施雨；AIR WAYBILL NO. 999—1239 9999

GCR RATE：M/ N / 45—510/ 58.31 / 50.16

请填写国际货物托运书与航空运单。

国际货物托运书(SLI)

<table>
<tr><td rowspan="4">托运人姓名及地址④
SHIPPER NAME AND ADDRESS</td><td rowspan="4">托运人账号 SHIPPER ACCOUNT NUMBER</td><td colspan="2">供承运人用 FOR CARRIER USE ONLY</td></tr>
<tr><td>航班/日期⑮
FLIGHT/DAY</td><td>航班/日期
FLIGHT/DAY</td></tr>
<tr><td></td><td></td></tr>
<tr><td></td><td></td></tr>
<tr><td rowspan="2">收货人姓名及地址 ⑤
CONSIGNEE'S NANE AND ADDRESS</td><td rowspan="2">收货人账号
CONSIGNEE ACCOUNT NUMBER</td><td colspan="2">已预留吨位
BOOKED</td></tr>
<tr><td colspan="2">运费 CHARGES ㉗</td></tr>
<tr><td colspan="2">代理人的名称和城市 ⑥
ISSUING CARRIER'S AGENT NAME AND DRESS</td><td colspan="2" rowspan="3">ALSO NOTIFY：</td></tr>
<tr><td colspan="2">始发站 AIPPORT OF DEPARTURE ⑦</td></tr>
<tr><td colspan="2">到达站 AIRPORT OF DESTINATION ⑭</td></tr>
<tr><td colspan="2">托运人声明及价值
SHIPPER'S DECLARED VALUE</td><td rowspan="2">保险金额 ⑯
AMOUNT OF INSURANCE</td><td rowspan="2">所附文件 DOCUMENTS TO ACCOMPANY AIR WAYBILL</td></tr>
<tr><td>供运输用⑫
FOR CARRIER'S</td><td>供海关用⑬
FOR CUSTOMS</td></tr>
<tr><td colspan="4">处理情况(包括包装方式、货物标志及号码)HANDLING INFORMATION(INCLU. METHOD OF PACKING INDENTIFYING AND NUMBERS)⑰</td></tr>
</table>

件数⑱ NO. OF PACKAGES	实际毛重 ACTUAL CROSS WEIGHT (KG)	运价种类 RATE CLASS	收费重量 CHARGEABLE WEIGHT	费率 RATE/CHARGE	货物品名及数量(包括体积或尺寸)NATURE ㉖ ANDQUANTITY GOODS (INCLU. DIMENSIONS OF VOLUME)

托运人签字(SIGNATURE OF SHIPPER) ㉙	日期(DATE)

航空运单

① ② ③ ① ③

④Shipper's Name and Address / Shipper's Account Number	Not negotiable Air waybill Issued by Copy 1, 2 and 3 of this air waybill are originals and the same validity.
⑤Consignee's Name and Address / Consignee's Account Number	It is agreed that the goods described herein are accepted in apparent good order and condition (except as noted) for carriage SUBJECT TO THE CONDITIONS OF CONTRACT ON THE REVERSE HEREOF. THE SHIPPER'S ATTENTION IS DRAWN TO THE NOTICE CONCERNING CARRIER'S LIMITATION OF LIABILITY. Shipper may increase such limitation of liability by declaring a higher value for carriage and paying a supplemental charge if required. ISSUING CARRIER MAINTAINS CARGO ACCIDENY LIABILITY INSURANCE
⑥Issuing Carrier's Agent Name and City Agent's IATA Code / Account No. ⑦Airport of Departure(Add. Of First Carrier) and Requested Routing	㉛ Accounting Information

⑧To	Routing and Destination ⑨By first carrier	To	By	To	By	⑩Currency	CHGS Code	⑪WT/VAL PPD	COLE	⑪Other PPD	COLE	Declared value for Carriage ⑫	Declared Value for Customs ⑬

⑭Airport Destination	Flight/Date ⑮	For Carrier use Only	Flight/Date	Amount of Insurance ⑯	INSURANCE if carrier offers insurance such insurance is request in accordance with conditions on reverse here of, indicate amount to be insured in figure in boxmarked amount of insurance.

⑰Handling Information:

(for USA only)Those commodities licensed by U.S. for ultimate destination Diversion contrary to U.S. law is prohibited

No. of Pieces RCP⑱	⑲Gross Weight	Kg lb ⑳	㉑ Rate class / ㉒Commodity Item No.	㉓Chargeable Weight	㉔ Rate/charge	㉕Total	㉖ Nature and Quantity of Goods(incl. Dimensions or Volume)

Prepaid	Weight Charge	Collect	Other Charges
㉗			
㉘	Valuation Charge		
㉙	Tax		
㉚	Total Other Charges Due Agent		Shipper certifies that the particulars on the face hereof are correct and that insofar as any part of the consignment contains dangerous goods, such part is properly described by name and is in proper condition for carriage by air according to the applicable Dangerous Goods Regulations
㉛	Total Other Charges Due Carrier		Signature of Shipper or his Agent ㉝
㉜ Total Prepaid		Total Collect	㉞
Currency Conversion Rates		CC Charges in Dest.Currency	Executed on (date) at (place) Signature of Issuing Carrier or its Agent
For Carriers Use only at Destination		Charges at Destination	Total Collect Charges ① AS AGENT FOR CARRIER

项目七　国际航空特种货物货运代理操作训练

一、活动物运输业务训练

有一托运人准备从北京运往新加坡一只小狗，代理人应如何向航空公司交运？问：

(1)收运这只小狗的各项注意事项应参照IATA出版的哪本手册？

(2)托运人应提交哪些文件？

(3)容器上应贴哪些标签？

(4)在运输中应注意哪些事项？

二、危险品运输业务训练

一托运人从北京运往纽约一批打火机，代理人应如何向航空公司交运货物？问：

(1)承运该货物应参照哪本手册？

(2)托运人应提交哪些文件？

(3)在运输中应遵循哪些原则？

三、航空特种货物操作规则业务训练

简述活动物、鲜活易腐货物、危险物品三种货物的操作规则。

项目八 跨境电商货运代理操作训练

一、跨境电商物流方案选择业务训练

(一)邮政包裹业务训练

1. EUB 业务训练

(1)目前 EUB 可发往下列哪些国家或地区? ( )

①美国;②日本;③英国;④韩国;⑤中国台湾;⑥法国;⑦俄罗斯;⑧加拿大;⑨中国香港;⑩沙特阿拉伯;⑪澳大利亚;⑫新西兰;⑬以色列;⑭新加坡;⑮乌克兰;⑯瑞士;⑰德国;⑱挪威。

(2)下列哪些包裹符合 EUB 邮寄规定? ( )

①包裹重量 3 千克;

②包裹的长 1 米,宽 0.5 米,高 0.3 米;

③包裹的长 0.4 米,宽 0.3 米,高 0.2 米;

④包裹的长 0.7 米,宽 0.1 米,高 0.1 米;

⑤包裹的长 0.5 米,宽 0.2 米,高 0.1 米;

⑥包装成圆柱体的地毯,直径 20 厘米,长 50 厘米;

⑦包装成圆柱体的纱布,直径 5 厘米,长 91 厘米;

⑧包裹长度为 10 厘米;

⑨包裹的长×宽为 10cm×10cm;

⑩包裹呈圆柱体,周长 10 厘米,长 11 厘米;

⑪包裹呈圆柱体,周长 7 厘米,长 11 厘米;

(3)下列哪些是 ePacket 的优点? ( )

①价格比 EMS 便宜;

②ePacket 受理查单业务,提供邮件丢失、延误赔偿;

③发往美国、澳大利亚、加拿大的包裹提供收件人签收证明,发往英国的包裹提供投递确认信息;

④速度比邮政小包要快;

⑤价格比邮政小包便宜;

⑥享受与 EMS 相同的服务,也提供上门取件服务;

⑦在国内段是全程空运,速度比 EMS 要快;

2. 中国邮政小包业务训练

(1)中邮小包可以因下列哪些原因被邮局退回？（　　）

①因航班延误而被邮局退回；

②邮局货仓发现货物包装破损；

③邮局货仓进行货物检查时，发现含有邮局禁止邮寄的物品；

④运往进口国的货物太多而被邮局退回；

⑤体积、重量超标；

⑥始发站机场所在地区下暴雨；

⑦机场安检没有通过而被邮局退回；

⑧邮局放假；

⑨出口海关查验未通过；

⑩进口国海关查验未通过而被退回国内。

(2)下列中邮小包被退回后，退费处理方式属于哪一种？（“A”不涉及退费，“B”退费，“C”不退费）

①用户的小包不能通过收寄邮局安检被退回。（　　）

②用户的小包在物流商转运仓发现破损被退回。（　　）

③用户小包不能通过境内机场安检或境内海关查验被退回。（　　）

④由于超重、超规格、用户发错仓、订单取消等原因，集货仓未做入库而直接退回。（　　）

⑤物流商线下退费给商家。（　　）

⑥用户的小包在目的国进口清关不过而被退回。（　　）

⑦收件人地址不详被进口国邮局退回。（　　）

⑧收件人拒收被退回。（　　）

⑨用户的小包因为违反寄达国禁限寄规定导致被进口国海关扣留、销毁。（　　）

(3)下列哪些是中邮小包的优点？（　　）

①中邮小包通关时享有“绿色通道”；

②目前，中邮小包在所有跨境电商小包裹中是最便宜的；

③由于依托的是各国邮政系统，所以中邮小包派送网络覆盖面广；

④中邮小包单件包裹限重 2KGS；

⑤中邮小包没有限重；

⑥中邮小包竞争优势之一是性价比高；

⑦中邮小包总体上来说，运达时间比较短；

⑧中邮小包能实现全程跟踪查询；

⑨中邮小包本质上属于“私人包裹”，比商业性快递能邮寄的物品多。

3. 中邮大包业务训练

(1)下列哪些包裹符合中邮大包规定？（　　）

①包裹重量 35 千克；

②包裹重量 1.6 千克；

③包裹重量 26 千克；

④某客户发往美国 3 包服装，要求按照一票货物办理托运；

⑤包裹重 26 千克，最长边长 1.6 米；

⑥包裹外包装呈一头大，一头小的圆台状，大头半径 0.3 米，小头半径 0.2 米，最长边 1.3 米，重 30 千克；

⑦包裹外包装呈一头大，一头小的台体状，大头 0.15 米×0.15 米，小头 0.1 米×0.1 米，最长边 1.0 米，重 18 千克；

⑧包裹的长宽厚为 0.30 米×0.1 米×0.1 米；

⑨包裹的长宽厚为 0.20 米×0.18 米×0.1 米。

(2)下列哪些是中邮大包的优点？（　　）

①不计算体积重量；

②没有偏远附加费；

③不限制托运重量；

④投妥速度快；

⑤交寄方便，通达国多；

⑥能及时查询到包裹运输信息；

⑦操作简便；

⑧发件收运费，退件不收运费；

⑨包裹享受快速通关优惠。

4. 香港小包业务训练

(1)关于香港邮政小包，下列说法正确的打“√”，错误的打“×”。

①香港小包价格高，属于高端邮政小包。（　　）

②香港小包发货后，包裹的投递信息能很快在网上查询到。（　　）

③所有小包是直接送到香港邮政机场处理中心的，并不像中国邮政小包中间会经历多个中转站点。（　　）

④香港小包的离岸时间大概是 2 到 7 天，而国内邮政小包处理时间是 1 到 3 天。（　　）

⑤邮件的处理速度慢。（　　）

⑥丢包率非常低。（　　）

⑦目前，包裹都要集中到深圳 SFC 处理中心，由深圳发往香港邮政机场处理中心。（　　）

⑧包裹先退到香港邮局，再运到深圳 SFC 处理中心，由深圳发往原发件人所在地。（　　）

(2)下列哪些包裹符合香港小包的规定？（　　）

①包裹重 2.5 千克；

②长方体包裹，长宽高分别为 30 厘米、26 厘米、25 厘米；

③长方体包裹，长宽高分别为 65 厘米、10 厘米、10 厘米；
④长方体包裹，长宽高分别为 38 厘米、7 厘米、7 厘米；
⑤长方体包裹，长宽高分别为 12 厘米、9 厘米、7 厘米；
⑥圆柱体包裹，半径为 3 厘米，长 23 厘米；
⑦圆柱体包裹，半径为 10 厘米，长 70 厘米；
⑧圆柱体包裹，半径为 1.2 厘米，长 10 厘米；
⑨圆柱体包裹，半径为 1.2 厘米，长 93 厘米；
⑩圆柱体包裹，半径为 1.9 厘米，长 83 厘米；
⑪圆柱体包裹，半径为 3 厘米，长 8 厘米。

5.新加坡小包业务训练

(1)下列关于新加坡小包说法正确的是哪些？（　　）

①新加坡小包可以寄送带电商品；
②新加坡小包在所有邮政小包里算是最贵的；
③新加坡小包绝大多数货件在收货后第二天可上网查询；
④新加坡小包不提供邮件丢失或毁损赔偿服务；
⑤新加坡小包不能在线发起投诉；
⑥新加坡小包投诉成立后，最快 15 个工作日完成赔付；
⑦新加坡小包是手机、平板等含锂电池商品的主要运输渠道；
⑧新加坡小包必须先寄往新加坡邮局，再发往世界各地。

(2)下列哪些包裹符合新加坡小包的规定？（　　）

①长方形包裹的长宽高分别为 35 厘米、27 厘米、22 厘米；
②长方形包裹的长宽高分别为 41 厘米、29 厘米、28 厘米；
③长方形包裹的长宽高分别为 65 厘米、12 厘米、12 厘米；
④包裹重 2.5 千克；
⑤包裹贴“面单”的那一面长宽为 8cm×13cm；
⑥圆轴形包裹，半径 3 厘米，长 60 厘米；
⑦圆轴形包裹，半径 10 厘米，长 70 厘米；
⑧圆轴形包裹，半径 2 厘米，长 94 厘米；

(3)下列哪些符合新加坡小包退件处理规定？（　　）

①国内发往荷兰的包裹，客户已付运费及挂号费，包裹现在深圳集货仓内，客户要求退件，由于是客户的原因，运费及挂号费不予退还；

②国内未通过邮政、航空安检被退回，运费及挂号费不予退还；

③国外未通过邮政、航空安检被退回。退回 50％运费，挂号费不退，但需要收取新加坡到中国香港段的航空运费 RMB12 元/kg，产生的关税由卖家承担；

④因国外买家拒绝签收货物被退回，运费退，挂号费不退；

⑤进口国限制该货物进口致使货物被退回，不退运费及挂号费；

⑥退回包裹都要先进口到深圳 SFC 处理中心，再发往各发货人所在地；

⑦新加坡小包退件全程收费，如有进口关税，由卖家承担；

⑧国内某卖家发新加坡小包到英国，收货人以型号错误拒绝收货，货代通知发货人如何处理，发货人放弃包裹，3天后包裹被运回深圳并向发货人收取退回运费。

(4)下列符合新加坡小包带电池商品寄送规定的是(　　)。

①能够寄送锂电池；

②凡是新加坡小包能够到达的国家都能够接收带电池商品；

③新加坡小包寄送的带电池商品必须是内置电池；

④所有带电池商品的包装要选用合适的材料，并进行严密包装，以能够抵御运输过程中可能发生的碰撞、挤压等外力侵袭；

⑤新加坡小包不接收功率较大的带内置电池产品；

⑥每个包裹不能超过4块内置锂电池或6块纽扣锂电池。

6.综合训练

请比较1.8千克的包裹选择EUB、中国邮政小包、香港小包、新加坡小包、中国邮政大包(三种大包)等跨境物流方式寄到美国、澳大利亚、英国、俄罗斯的运费大小，分别说明在这些国家，哪种跨境物流方式最贵，哪种方式最便宜，同时说明，哪种物流方式最快，哪种物流方式最慢(货代公司折扣：EUB 9折，中国邮政小包、中国邮政大包8.8折，其他物流方式没有折扣)。

(二)国际快递业务训练

1.EMS快递业务训练

(1)请在下列选项中圈出EMS不通达的国家。

朝鲜、韩国、日本、菲律宾、老挝、柬埔寨、尼泊尔、马来西亚、文莱、蒙古、泰国、缅甸、斯里兰卡、巴基斯坦、奥地利、冰岛、比利时、塞浦路斯、丹麦、德国、摩纳哥、法国、阿根廷、委内瑞拉、阿联酋、智利、巴拿马、秘鲁、巴西、哥伦比亚、白俄罗斯、土库曼、波兰、捷克、俄罗斯、哈萨克斯坦、沙特阿拉伯、约旦、突尼斯、巴林、乌干达、叙利亚、伊朗、伊拉克、乍得。

(2)下列体积、重量、计费重量的计算方法等方面不符合EMS规定的有哪些？　(　　)

①包裹长宽高为1.2m×0.6m×1.6m；

②包裹为长方体，最短面为正方形，边长为0.5m，最长单边长1.4m；

③包裹为长方体，最短面为正方形，边长为0.3m，最长单边长1.4m；

④包裹重量为32千克；

⑤包裹重量为29千克；

⑥单边大于60cm的包裹，按照重量收费；

⑦单边大于等于60cm的包裹，重量与体积取其大；

⑧体积与重量的折算以1kgs等于6000cm^3。

(3)下列哪些商品属于EMS禁寄物品？　(　　)

①股票；②国库券；③国家机关文件；④书籍；⑤手提袋；⑥银圈；⑦服装；⑧宋代的瓷器；⑨葡萄干；⑩小仓鼠；⑪手机；⑫矿泉水；⑬遮阳帽；⑭中华牌香烟；⑮茅台酒；⑯太阳镜；⑰圆

珠笔；⑱鞋；⑲剃须刀；⑳车载 VCD；㉑面膜；㉒游泳衣；㉓布娃娃；㉔灯泡；㉕自行车打气筒；㉖仿苹果手机外壳；㉗皮带；㉘海鲜。

(4)下列哪些是 EMS 的优点？　　　　(　　)

①相对于商业快递来说，速度快；

②邮递、清关、航空运输方面有优先处理权；

③查询网站信息块，一旦出现问题，很快得到解决，时间短；

④不需要商业发票就可以清关，通关不过的货物可以免费运回国内，其他快递一般都要收费；

⑤投递网络覆盖广，价格合理；

⑥可以一票多件；

⑦大货价格低；

⑧特别适合小件及对时效性要求不太高的货物，可走敏感货物，不易打关税。

2. 国际商业快递业务训练

(1)指出下列包裹符合哪些国际商业快递的要求。　　　　(　　)

①重量 68kg，最长边 218cm，长宽高为 218cm×37cm×28cm。

②重量 66kg，最长边 180cm，长宽高为 180cm×33cm×28cm。

③重量 70kg，最长边 190cm，长宽高为 190cm×37cm×28cm。

④重量 68kg，最长边 110cm，长宽高为 110cm×37cm×28cm。

⑤重量 40kg，最长边 110cm，长宽高为 110cm×37cm×28cm。

⑥重量 40kg，最长边 150cm，长宽高为 150cm×37cm×28cm。

(2)登录 UPS、FedEx、DHL、TNT 、TOLL 官网查询价格，在体积符合要求的情况下，计算 20 千克的包裹分别选择这五种国际商业快递发往日本、美国、巴西、澳大利亚、新加坡、南非、德国、俄罗斯的运费，并说明在这些国家，哪种快递最便宜，哪种最贵，再比较它们的时效性。

(3)说出下列国际商业快递公司名称、总部所在国家。(　　　　　　　　　　　　)

(三)海外仓业务训练

1.选出速卖通平台建有海外仓的国家

美国、日本、韩国、英国、新加坡、德国、瑞士、西班牙、法国、加拿大、巴西、意大利、俄罗斯、乌克兰、澳大利亚、新西兰、印度、印度尼西亚、南非、沙特阿拉伯、瑞典。

2.海外仓费用核算训练

(1)货物重量为450克、800克、1500克、5000克,单件货物价值25元,存放90天,计算海外仓仓储及处理费用。

(2)四件货物,每件货物价值在220元—260元之间,货物重量分别为5千克、15千克、35千克、55千克,存放60天,计算海外仓仓储及处理费用。

3.指出下列哪种情况适合建海外仓。　　(　　)

(1)环保手提袋,销往美国,每月销量5—10万个,平均每单货5个。

(2)老板桌椅,体积3CBM,重量70千克,销往巴西,物美价廉,供不应求。

(3)女式皮凉鞋销往澳大利亚,每月销量3000—4000双,平均每单货5双。

(4)女式连衣裙销往乌克兰,每月销量200—300件,平均每单20件。

(5)手表销往南非,经查该手表复运回国内的话需要缴纳200%的关税。

(6)在意大利建皮鞋海外仓,由于意大利皮鞋与中国产皮鞋存在竞争关系,那里曾经发生多起焚烧中国皮鞋事件,当地警察常常以仿冒为理由没收中国产皮鞋。

二、国际邮政小包“线上发货”与“线下发货”业务训练

(一)中国邮政小包“面单”填写训练

业务:两件包裹发往澳大利亚悉尼,第一件数据:T恤衫,8件,1.6千克,45元/件,第二件数据:手表,0.05千克/只,30支,150元/只。发货人:莫高峰,浙江省嘉兴市昌盛南路1233号,电话:0086-15305738199。收货人:Anthony James, Suite 105, Level 1, Manning Building, 451 Pitt Street, Sydney, NSW, Australia, Tel:+61(02)92811636。填ePacket打印版、中国邮政小包打印版、中国邮政小包手填版的“面单”。美元与人民币汇率:1比6.57。

中国邮政国际小包速卖通平台 CN22 报关签条

中国邮政 CHINA POST	LS 682 375 919 CN	
FROM：	SHP TO：	
中邮杭州仓		
Description Of Contents	Kg.	Vals(USD $)
Total Gross Weight(kg)：		
We certify that the particulars given the declarations are correct and this item does not contain any dangerous articles prohibited by legislation or by postal or customs regulations. Sender's Signature or Date Signed：CN22		

中国邮政 ePacket　CN22 报关签条

中国邮政 CHINA POST			LS 682 375 919 CN		
IMPORTANT：the item/parcel may be opened officially. Please printed in English.					
FROM：			SHIP TO：		
Fees(USD $)：					
Certificate No.：					
No.	Qty	Description Of Contents	Kg.	Vals(USD $)	Goods origin
		Total gross weight(Kg.)			
We certify that the particulars given the declarations are correct and this item does not contain any dangerous articles prohibited by legislation or by postal or customs regulations. I have met all applicable export filling requirements under the Foreign Trade Regulations. Sender's Signature& Date Signed：CN22					

CN22 报关签条手填版样单

报关签条
CUSTOMS DECLARATION 2113
可以径行开拆 CN22
May be opened officially

中国邮政 CHINA POST	请先阅读背面的注意事项 See intructions on the back			
邮件种类 Category of intem (在适当的文字前划"√") Tick as appropriate		礼品 Gift		商品货样 Cornmercial sample
		文件		其他 Other

内件详细名称和数量 Quantity and detailed description of contents	重量(千克) Weight(kg)	价值 Value
协调系统税则号列和货物原产国(只对商品邮件填写) HS tariff number and country of origin of goods (For commercial items only)	总重量 Total weight	总价值 Total value

我保证上述申报准确无误,本函件内未装寄法律或邮政和海关规章禁止寄递的任何危险物品

I, the undersigned, certify that the particulars given in this declaration are correct and this item cloes not contain any dangerous articles prohibited by legislation or by postal or customs regulations.

寄件人签字 Sender's signature

CN23 报关单

中国邮政 CHINA POST		报关单邮 2103 CUSTOMS DECLARATIONCN23
寄自 From	寄件人姓名、地址(包括电话号码)寄件人参考代码 Name and address of sender(include Tel No.)(必要时填写) Sender's reference (if any)	函件号码/包裹号码(包括可能有的条码) No. of item/of parcel(bar code ,if any) 本件可以径行开拆 The item/parcel may be opened officially

<table>
<tr><td>寄往
To</td><td colspan="3">收件人姓名、地址(包括寄达国名、电话号码)
Name and address of addressee(include county of destination and Tel No.)</td><td colspan="3">收件人参考代码(必要时填写)(例如税率代码/增值税代码/进口商代码)
Importer's reference(if any)(tax code/VAT No. /importer's code)</td></tr>
<tr><td rowspan="12"></td><td rowspan="2">物品详细名称
Detailed name of contents</td><td rowspan="2">数量
Quantity</td><td rowspan="2">净重
Net weight</td><td rowspan="2">价值
Value</td><td colspan="2">只对商品邮件填写
For commercial item only</td></tr>
<tr><td>协调系统税则号列
HS tariff No.</td><td>货物原产国
County of origin of goods</td></tr>
<tr><td></td><td></td><td></td><td></td><td colspan="2"></td></tr>
<tr><td></td><td></td><td></td><td></td><td colspan="2"></td></tr>
<tr><td></td><td></td><td></td><td></td><td colspan="2"></td></tr>
<tr><td></td><td></td><td></td><td></td><td colspan="2"></td></tr>
<tr><td>邮件种类
Category of item</td><td>商品货样
Commercial sample</td><td>总毛重
Total gross weight</td><td>总价值
Total value</td><td colspan="2">邮费
Postal charges</td></tr>
<tr><td>礼品
gift
文件
documents</td><td colspan="3">退货说明 explaination
Returned goods
其他
Other</td><td colspan="2">原寄局和收寄日期
Office of origin and date posting</td></tr>
<tr><td colspan="3">备注:(例如物品需要动植物检疫、卫生检疫或受其他限制)
Comments:(e. g.. goods subject to quarantine, sanitary/phytosanitary inspection or other restrictions)</td><td colspan="3" rowspan="3">我保证本报关单内所填各项准确无误,邮件内未装寄邮章禁止寄递的如何危险物品。
I certify that the particulars given in this customs declaration are correct and that this item does not contain any dangerous article prohibited by post regulations.

日期和寄件人签字
Date and sender's signature</td></tr>
<tr><td>许可证
Licence</td><td>证明
Certificate</td><td>发票
Invoice</td></tr>
<tr><td>No.</td><td>No.</td><td>No.</td></tr>
</table>

(二)邮政小包打包业务训练

一般将带包装的物品装在________里,用宽胶带将邮件袋打________包装,将________放在邮件袋________,用透明宽胶带将________与________固定牢固。包装不限于本书介绍的一种方法,但关键在于保护好带有跟踪条码的________,进、出口国海关凭此验放。一是要保证胶带粘贴严密,以防雨水进去打湿________;二是条码不能有________,以免海关验放时,扫不到条码。(包装方法图示见朱岩、白春柳主编《国际货运代理实务》图 8-13)

(三)跨境电商进出口通关操作流程训练——连连看

机　　构:互换局　收寄局　交换站　经转站　验关局　投递局

主要职责:接收包裹　检查邮件　海关查验　向海关申报/封发总包
派送包裹　接机装机

三、跨境电商进境业务训练

1.某人通过跨境电商平台购入一款法国产眼部打底膏,经查"海关进出口税则",该眼部打底膏关税是10%,增值税17%,消费税30%,眼部打底膏发票金额1500元,个人年度交易值为人民币16000元。计算该商品的购买价格。

2.某人通过跨境电商平台购入日本产尿不湿,该商品关税为零,增值税17%,没有消费税,商品发票金额为800元,个人年度交易值为人民币16000元。计算该商品的购买价格。

3.某人通过跨境电商平台购入一款法国产香水,经查"海关进出口税则",该香水关税是10%,增值税17%,消费税30%,香水发票金额900元,个人年度交易值为人民币19800元。计算该商品的购买价格。

4. 某人通过跨境电商平台购入美国产母婴产品，该商品关税为零，增值税17%，没有消费税，产品发票金额2100元，个人年度交易值为人民币15000元。计算该商品的购买价格。

5. 某人出境旅游归国带入1千克、发票金额为500美元的进口干鱼翅，当天美元与人民币的比值为1比6.578，计算该商品应缴纳的税金。

6. 某人出境旅游归国，在机场免税商店内购买了2千克、发票金额为1000美元的进口干鱼翅，当天美元与人民币的比值为1比6.578，计算该商品应缴纳的税金。

7. 某人出境旅游归国带入发票金额为800美元的鹿茸4袋，每袋500克，当天美元与人民币的比值为1比6.578，计算该商品应缴纳的税金。

8. 某人从韩国旅游归国带入发票金额为85万韩元的面膜200张，当天韩元与人民币的比值为1比0.0056，海关对该商品如何处理？面膜按照货物进口时，关税6.5%，增值税17%，消费税0%。

9.某人从日本旅游归国带入发票金额为2万日元的佳能牌一体式数码相机1台，当天日元与人民币的比值为1比0.0632，海关对该商品如何处理?

10.某人从日本旅游归国带入发票金额为15万日元的高档手表1块，该手表在日本国内主要市场上的售价为17万元当天日元与人民币的比值为1比0.0632，海关对该商品如何处理?

11.某人从美国旅游归国带入发票金额为400美元的苹果牌触摸屏手机1部，最近时间该手机在美国主要市场零售价为500美元。当天美元与人民币的比值为1比6.578，海关对该商品如何处理?

12.某人从日本旅游归国带入发票金额为3000日元，22度清酒3瓶，每瓶650毫升，当天日元与人民币的比值为1比0.0632，海关对该商品如何处理?

13.某人从国外旅游归国带入英国产“555”牌香烟2条，发票金额为70港元，当天港元与人民币的比值为1比0.8482，请分别说明：(1)从香港带入；(2)从菲律宾带入，海关对该物品的处理方式。

14. 某人从香港旅游回大陆带入女式皮鞋 2 双，发票金额为每双 350 港元，当天港元与人民币的比值为 1 比 0.8482，请说明海关对该物品的处理方式。

15. 某人从香港旅游回大陆带入女式皮鞋 3 双，发票金额为每双 350 港元，当天港元与人民币的比值为 1 比 0.8482，请说明海关对该物品的处理方式。

16. 某人从香港邮购男士牛皮皮鞋 1 双，发票金额为 400 港元，当天港元与人民币的比值为 1 比 0.8482，请说明海关对该物品的处理方式。

17. 某人从香港邮购男士牛皮皮鞋 1 双，发票金额为 150 港元，当天港元与人民币的比值为 1 比 0.8482，请说明海关对该物品的处理方式。

18. 某人从香港邮寄女式羊皮皮鞋 1 双，发票金额为 750 港元，当天港元与人民币的比值为 1 比 0.8482，请说明海关对该物品的处理方式。

19. 某人从法国邮购香水 1 瓶，发票金额为 50 欧元，当天欧元与人民币的比值为 1 比 7.4271，请说明海关对该物品的处理方式。

20. 某人从法国邮购香水 4 瓶，发票金额为每瓶 40 欧元，当天欧元与人民币的比值为 1 比 7.4271，香水按照货物进口时，关税 10%，增值税 17%，消费税 30%。请说明海关对该物品的处理方式。

21. 某人从法国邮购皮上衣 1 件，发票金额为 170 欧元，当天欧元与人民币的比值为 1 比 7.4271，请说明海关对该物品的处理方式。

22. 某人从德国邮购独轮脚踏车 1 辆，发票金额为 50 欧元，当天欧元与人民币的比值为 1 比 7.4271，请说明海关对该物品的处理方式。

附：中华人民共和国进境物品归类表/完税价格表查询地址：http://www.customs.gov.cn/publish/portal0/tab49564/info793342.htm。

项目九　国际货运风险控制与纠纷处理训练

一、货代与托运人纠纷预防与处理能力训练

[案例一]某省某公司从国外进口 150 吨可可豆，计 3000 包。货物于某年 6 月 16 日由华利轮运至上海，卸于九区，堆放在港区露天场地，下垫垫仓木板和草席，上盖双层油布。收货人于 6 月 18 日书面委托上海某货运代理代办进口报关和铁路运输至某省某站某巧克力厂收货。货代接受委托并代办了报关、卫检、植检等有关的进口手续并先后 24 次向铁路部门申报车皮计划。由于铁路运力紧张，车皮计划一直未批。货代及时用电话向收货人通报了情况并建议改用水运。8 月 16 日收货人在电话中称请货代酌情处理。8 月 18 日可可豆装上了某省航运公司的驳船，于 29 日运抵某市后，经向当地商检局申请品质检验，检验结果这批可可豆严重霉变，失去使用价值，已无法加工成成品。霉变原因：①国内转运时间太长；②保管不善，露天存放，用双层油布遮盖不通风，又在多雨炎热季节以致受潮发热霉变，且超过对外索赔期，因此也无法向国外索赔。收货人多次找货代交涉，要求其赔偿，未果，遂于同年 11 月向某市中级人民法院起诉。此案如何判决？说明理由。

二、海运提单纠纷预防与处理能力训练

[案例二]1998 年 7 月，我国 A 公司以 FOB 价向美国 D 公司出口一批纺织品货物，由 D 公司负责向 S 船务公司租船运输，起运港为厦门港，目的港为纽约港。同年 8 月中旬，该批纺织品货物在厦门港装船时，船舶大副发现有 19 箱纺织品货物外表有不同程度的破损，即在大副收据上做出批注："该批货物有 19 箱外表破损"。A 公司为了银行结汇的需要，要求 S 船务公司在签发提单时不要转批大副批注，并出具保函："收货人因货物包装破损而向承运人索赔时，由 A 公司承担责任"，S 船务公司据此签发已装船清洁提单。但货到目的港后，美国 D 公司收货时，即以货物与清洁提单不符为由向承运人提出索赔，但承运人拿出 A 公司出具的保函让收货人直接找托运人 A 公司交涉。此案如何判决？

[案例三]2003 年 5 月 8 日中国广澳开发总公司(以下简称广澳公司)与印度尼西亚茂林胶合板有限公司(以下简称茂林公司)签订胶合板购销合同,总数量 6000CBM,总金额 230 万美元。信用证约定最迟装运日期不迟于 7 月 31 日,有效期为 8 月 21 日,可分批装运。第一批 3000CBM 货物由"新发"轮运输,并按时到达交货。第二批 3000CBM 货物仍由"新发"轮运输。茂林公司于 8 月 3 日发出装船通知称货物已于 7 月 31 日装船。8 月 24 日,中国银行汕头分行通知广澳公司赎单,但货物尚未到达汕头港。经查该轮于 7 月 30 日至 8 月 6 日尚在汕头港卸第一批货。于是广澳公司向法院申请扣押"新发"轮,但该轮船长却拿出了茂林公司出具的保函:由于装船日期有误引起的索赔,一律由托运人负责,与承运人无关。由此认为收货人应向托运人索赔,与自己无涉。此案如何判决?说明理由。

[案例四]某远洋运输公司在承运 8000 吨白糖时,发现有 10%的脏包,大副在收货单上做了相关批注。因货物容易变质,L/C 又即将过期,托运人急于获清洁提单结汇,遂出具"保函",申明"如收货人有异议,其一切后果均由发货人承担,船方概不负责"。但货抵目的港时,收货人以货物脏包为由扣船索赔,远洋公司被迫赔偿收货人 10 多万美元。赔偿之后,该远洋公司凭保函要托运人赔偿签发清洁提单而遭受的损失,托运人是否应赔偿该远洋公司的损失?为什么?

[案例五]我国某船公司为国内一企业承运进口化学物品,将其装于甲板但并未在提单上注明货装甲板。因航行中天气恶劣,有部分货物落入海中。当收货人向承运人索赔时,承运人称该货物属于甲板货不属于承运人的责任范围,拒绝赔偿,试分析承运人是否应该赔偿收货人的损失?为什么?

三、托运人及收货人与承运人纠纷预防与处理能力训练

[案例六]承运人对一票橘子的托运人口头保证：船舶装货后将直接驶往目的地并卸货，然而该轮出航后却绕航行驶至其他港口，结果当托运人的橘子到达目的港时，进口关税提高了并由于其他橘子大量到货，使橘子的价格下降。托运人认为如果承运人是依口头约定直接驶往目的港，关税的提高和橘子的跌价都应该发生在该轮到达之后，于是，托运人向法院起诉，要求承运人赔偿其遭受的损失。但被告则辩称：提单中载明有承运人可以任意地经过任何航线将货物直接或者间接地运往目的地的条款，所以认为自己不应为绕航而引起的损失负责，此案如何判决？

[案例七]皇家打字机公司装满打字机的 3 个集装箱由某轮从汉堡驶往纽约，在卸货时，发现其第 89 号集装箱中价值 79200 美元的 1050 架打字机全部损坏，该打字机每 10 台装一木箱。货主要求每箱为一件赔偿其损失，承运人则认为应以一个集装箱为一件限制其责任。根据《维斯比规则》每件赔偿 1 万金法郎。此案如何判决？

[案例八]2001 年 9 月 8 日，某进出口公司(原告)与国外 S 公司签订销售合同，约定向 S 公司提供一批价值为 7564 美元的针织裙，支付方式为 T/T。进出口公司将货物交与集装箱储运公司(被告)，由上海运至墨尔本。10 月 16 日，被告签发了提单，载明托运人为进出口公司，收货人“凭指示”。提单同时注明正本份数为 3 份。11 月 5 日，货物在目的港清关，拆箱。12 月 14 日，原告通过代理向被告的代理询问涉案货物下落，被告知货物已被 S 公司提走。由于 S 公司始终没有支付货款，原告以无单放货为由，诉讼被告赔偿货物损失 7564 美元及相关退税损失，但原告仅向法院提供了一份正本提单。请问，法院对原告的诉讼请求是否支持？为什么？

[案例九]某轮装运一批货物从美国开往日本，在由拖船带动下离开码头时，碰撞了码头水泥墩，以致船壳出现了裂缝。发生碰撞时，船上还有两根缆绳仍系在码头的系绳处。碰撞后船长未对该船进行检验，在船舶航行途中海水由缝隙渗进船舱损及货物。货方认为承运人应对船舶不适航造成的货损负责。承运人则认为：船舶在开航前和开航时都是适航的，不适航是在航行途中发生的，根据海牙规则属船长及雇佣人员的疏忽过失，应给予免责。此案如何判决？

[案例十]某轮在开航前的适航检查时，对船上的喉管进行了检查，由于有一处喉管被木箱所覆盖，由此，未对此进行查看。在航行中，被覆盖的喉管处发生了破裂，造成了损失。货方认为船舶在开航前和开航时是不适航的，因此要求承运人对此而引起的货损承担赔偿责任。承运人认为，因为在检验时该处喉管被木箱所覆盖，因此，该段喉管破裂属于“恪尽职责”仍不能发现的潜在缺陷，依海牙规则规定，承运人对尽适当的谨慎仍不能发现的潜在缺陷可免责。此案如何判决？说明理由。

四、托运人、收货人与航空承运人货运纠纷预防与处理能力训练

[案例十一]一票尼龙粉从罗马经北京中转至大连，1 件，320 千克，每千克价格 16 美元。航空公司在运输过程中货物意外散落丢失 16 千克，货物未缴纳声明价值附加费。问：航空公司应赔偿多少？

[案例十二]一票服装从北京经马耳他运往巴黎，24 件，56 千克，货物价值 1 万美元，未声明价值。由于运输延误，收货人提出索赔。此案如何判决？

[案例十三]400 只小花鼠，重 105 千克，计费重量 117 千克，未有声明价值，也不知道价格。从北京运往东京，起飞时间：9:30。由于飞机发生故障，推迟到下午 2 点起飞。当天中午已将该批货物运到机场，当天气温 33℃，中午时分才将货物运回仓库（由于花鼠日晒太久，担心运到目的地成活率会很低，决定拉回）。当通知托运人提回时，发现花鼠已经死亡过半，取回后，已经全部死亡。此案如何判决？